U0676210

行思成长
教学理论与实践

朱志斌◎著

民主与建设出版社
·北京·

© 民主与建设出版社，2020

图书在版编目（CIP）数据

行思成长教学理论与实践 / 朱志斌著. — 北京：
民主与建设出版社，2020.10
ISBN 978-7-5139-3291-2

Ⅰ.①行… Ⅱ.①朱… Ⅲ.①中学历史课—教学研究
Ⅳ.①G633.512

中国版本图书馆 CIP 数据核字（2020）第210432号

行思成长教学理论与实践
XINGSI CHENGZHANG JIAOXUE LILUN YU SHIJIAN

著　　者	朱志斌	
责任编辑	刘　芳　周　艺	
封面设计	言之凿	
出版发行	民主与建设出版社有限责任公司	
电　　话	（010）59417747　59419778	
社　　址	北京市海淀区西三环中路 10 号望海楼 E 座 7 层	
邮　　编	100142	
印　　刷	北京政采印刷服务有限公司	
版　　次	2022年 6 月第 1 版	
印　　次	2022年 6 月第 1 次印刷	
开　　本	710 毫米×1000 毫米　　1/16	
印　　张	12.5	
字　　数	225千字	
书　　号	ISBN 978-7-5139-3291-2	
定　　价	45.00 元	

注：如有印、装质量问题，请与出版社联系。

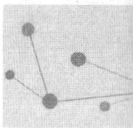

历史从未远去，它总会以恰到好处的方式，不断影响着我们的生活。

历史是什么？

古今中外，历史学家们给了多种答案。英国著名史学家卡尔专门写了一本书就叫《历史是什么？》，提出了"历史就是与现实不断的对话"的著名命题。我认同的"历史"界定是：历史就是已经发生过的全部历史事实，即客观历史和对上述过程的叙述和解读，即主观历史。简而言之，历史就是过去的事实和对其的解读。历史教育是以历史教学为依托的。

历史教学是什么？

历史学科作为一门人文学科，对人文精神的培育与培养有特别的优势，理应赋予更丰富的人文教育内容和内涵。历史学科五大核心素养包括唯物主义、时空观念、历史解释、史料实证和家国情怀，不仅包含了学科知识与能力，更突出强调了时代需要的世界观与道德品质的培养。所以，历史学科教学不能只强调其教学意义，局限于智力的培育，更应当突出其在生命成长中的意义，组织教学活动应当提倡从教育的视角来综合考虑。这就需要历史教师在教学中充分挖掘历史课程中的人文教育元素，采取富有教化功效的教学组织形式，最终为学生成长做出更大的贡献，这是基于学生核心素养发展需要的历史教学价值取向，也是行思成长教学思想的核心追求。

行思成长教学是什么？

行思成长教学就是教师在情境创设、素材选择、媒介使用、课外活动、课程评价等活动中有意识地突出历史学科思维特征，使课堂充满悬念，成功激发学生学习历史的兴趣，提升历史学科素养的教学方式。行思成长教学就是将以历史核心素养培养为核心的脑活动和以操作技能为核心的肢体活动有机结合，提高学生问题解决能力，达到学和思的统一、思和行的和谐，最大限度实现历史教学的价值。历史教学最终价值的承载体是学生的成长需要。所以，最需要关注的是具体情境下学生的发展，需要关注的是如何通过具体而丰富的教育活动达成为学生成长奠基的终极目标。

本书的第一章是行思成长教学理论基础。从中外传统教育理论到现代教育学心理学理论都有着对"行"与"思"的言论和著述，这为行思成长教学深入研究提供了现实基础。行思成长教学研究在吸收人本主义、建构主义、经验主义理论的基础上，把重点放在开发学生潜能、培育学生核心素养的实践研究上，推进基于核心素养发展的教学改革，落实以人为本的素质教育理念，克服学科知识本位与应试教育中的短期行为，真正为学生的终身成长奠基。布卢姆的教育目标分类学、阿斯丁的学习投入理论从认知与行为两个重要的心理学领域揭示了学生课堂高效学习的整个心理活动特征，基于上述理论设计的历史课堂，从课堂学习状态和学习效果观察，学生的课堂学习呈现的几个明显特征是：认知的专注度、思维的活跃度和思想的生成度。这是行思成长教学课堂的本质追求和关键节点。

本书第二章是行思成长教学理念。教学观方面，立足于历史思维的培养，重视历史问题意识、国民意识和品格品质的培养。课程观方面，教师首先要认真钻研课标和课程，认真分析学生的特点和需求，在深度理解课标的基础上，准确把握教材的内涵与外延，在完成对历史教材的二度开发的基础上进行教学立意，充分利用课堂中新生成的一切资源，把课堂中生生之间、师生之间的相互交流和合作也当作重要课程资源开发运用，这些丰富的课程资源能保证学生在历史课堂的深度学习和深入探究。学生观方面，在师生和谐的氛围中，课堂成效以学生学习效益为标准，使学生有体验成长的大舞台：给学生一个空间，让他们自己往前走；给学生一个时间，让他们自己来安排；给学生一个问题，让他们自己找答案；给学生一个冲突，让他们自己去讨论；给学生一个题目，让他们自己去创造。

第三章是行思成长教学的操作路径。基本步骤是：主题确立——情境创设——行思交融——迭代成长。具体落实到高中各个学段，根据学情有所侧重，有相应的调整，可是整体思路不变，均统一在教师全面分析教学任务、学习内容和学生特征的基础上，基于本课核心素养的培育任务，确立一节课的教学核心目标，形成教学立意。在历史与现实之间寻找课堂教学的突破口和切入点，以主题统摄整个课堂教学过程，以问题切入为教学突破口，让学生在情境体验中感悟和思索，在动手实践中思考，在思考中成长，提升学生历史核心素养。

第四章是行思成长教学实践。通过展示在历史教学过程中经常用到的最为核心的八个技术问题，分别是使用地图、使用历史图表、解释历史图片、分析基本史料、比较各种观点、分析原因和结果、提出问题、解决问题和做出决定，展现行思成长教学的情况。每一部分后面都附一个教学案例。

归纳起来，行思成长教学思想的价值追求有：

——强调历史教学要有突出的问题意识。历史是思考的学科，没有思考的历史教学是僵死的、无意义的。历史也是学问的学科，没有学问的历史教学就无从思考、无从行动。历史还是方法的学科，没有方法的历史教学，既无思考，也无学问。历史教学要教学生思考的方法、行动的方法，就要面对问题，尤其是要面对现实生活中存在的问题，知道怎样做才有效，即对症下药。

——寻求个人理解的知识建构。历史教学必须建构知识与人之间的整体意义关联，使之对个人的成长和发展产生意义，倡导主动参与、乐于探究、勤于思考，培养学生获取新知识、分析和解决问题的能力。知识不是确定的目标，而是一种探索的行动或创造的过程。尊重学生学习方式的独特性和个性化，将历史讲出有"行"的生动，有"思"的扩展，有"成长"的智慧。

——回归学生的生活世界。教育是发生在师生之间的真实生活世界中的社会活动，课程是学生的课程，课程教学应该在学生生活世界中关注教育意义的建构，在现实生活中关注师生之间的对话与理解，追寻有意义的、充满人性的教育。

——关注学生的成长就是关注学生作为整体的人的成长。人类个体是一个整体性的存在，意味着学生智力与人格的协调发展。注重学习过程中的价值，注重在过程中把只是融入个体的整体经验，转化为生活智慧和精神力量。

克罗齐说："一切历史都是当代史。"我理解这话的意思是，随着时代的进步，人们往往会以新的思想、新的观念、新的眼光回眸历史、审视历史。同样，历史教学亦会随着时代的变迁去寻找一条适合学生学习成长的模式。行思成长教学就是这样的尝试。

二〇二〇年三月于花都

目录

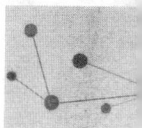

行思成长教学研究设想是教师借助历史情景的合理呈现，把学生引入学习情境，激发学生的学习兴趣，在历史情境体验的乐趣中诱发学生的学习动机。在此基础上，教师通过科学的教学方法引导学生积极思维，使学生由原来的知识接受者转变为知识发现者，并在发现知识的过程中探索历史发展的客观规律，从而达到发展学生智能和丰富学生素养的目的，进而建构起以学习者为中心、以学生的自主活动为基础的健康发展的宽松的教学环境和教学体系。这一教学追求本质上符合新课程和素质教育的理念，符合学生历史学科核心素养发展的需要，符合中学历史教育的学科特点。从中外传统教育理论到现代教育学、心理学理论，都有着非常丰富的"行""思"言论和著述，这为行思成长教学的深入研究提供了坚实的基础。

第一章 行思成长教学理论基础

第一节　传统教育理论

传统教育理论的许多思想与当前课程理念是完全契合的，传承与发展这些优秀的教育思想，对培养与塑造学生的知识、品德、能力有着积极的意义。行思成长教学思想是情境教学与启发式教学的完美结合，是自主学习与合作学习的融合，这些教育理念早已蕴含在古今中外的教育家、思想家的教育智慧之中。

一、国内传统教育理论

关于情境探究学习，最早的有关情境思想的表述是孔子的《论语·述而篇》，文中有"不愤不启，不悱不发"之说，意思是说教导学生，不到他想弄明白而不得的时候不去开导他，不到他想出来，却说不出来的时候不去启发他。其中"愤"和"悱"代表的是学生在学习过程中的一种"欲求而不得"的状态，其本质就是一种问题情境和教学情境。在这种情境下，教师的"启"和"发"才能起到真正的作用。孟子继孔子之后提出："君子深造之以道，欲其自得之也。自得之，则居之安；居之安，则资之深；资之深，则取之左右逢其原。故君子欲其自得之也。"（《孟子·离娄下》）在这里，孟子通过"自得"，阐述了通过独立思考研究，获得并发现知识，进而提高了自身能力（左右逢其源）。不难发现，我国传统教育理论非常强调接受式学习与探究、体验等学习方式的和谐共生，同时也明确了教师的作用在于引导、启发。

关于启发式和发现式学习，《孟子·尽心上》中有"君子引而不发，跃如也"，意思是君子教导别人正如教人射术，张满弓而不发箭，只做出跃跃欲试的状态来加以引导。"引而不发"的状态正如教师教学中的情境创设，突出强调教师重在引导，不下结论。中国古代教育经典《礼记·学记》中也有"君子之教，喻也，道而弗牵，强而弗抑，开而弗达"，意思是说教师对人施教，就是启发引导。对学生引导而不牵拉，劝勉而不强制，指导学习的门径，而不直接把答案告诉学生。古人很重视教学中的"喻"，即启发式教学，这也是当代情境教学和探究学习理论的源头。无论是孟子的理论还是《礼记·学记》的观点，都与孔子提出的"不愤不启，不悱不发"的原理和本质是一样的，都是强调问题情境的重要性，强调课堂思维的重要性，强调教师教与学生学之间的协调统一，强调教要为学服务。

关于自主学习和合作交流，孔子提倡"学""思"结合："学而不思则罔，思而不学则殆。"（《论语·为政》）同时非常强调独立思考的重要性，认为"君子有九思：视思明，听思聪，色思温，貌思恭，言思忠，事思敬，疑思问，忿思难，见得思义。"（《论语·季氏》）也就是说，学生要调动自己的各种感觉器官去思考和学习。自主学习是合作学习的前提，只有学生"独立的深入"，才能有"合作的深入"。为了提高学生学习的主动性，教师应给学生充裕的学习时间与空间。这与我国著名教育家陶行知曾有的经典论述一致："在现状下，尤须进行六大解放，把学生学习的基本自由还给学生：一是解放他的头脑，使他能想；二是解放他的双手，使他能干；三是解放他的眼睛，使他能看；四是解放他的嘴，使他能说；五是解放他的空间，使他能到大自然大社会里取得更丰富的学问；六是解放他的时间，不要把他的功课表填满，不逼迫他赶考，不和家长联合起来在功课上夹攻，要给他一些空间消化所学，并且学一点他自己渴望要学的学问，干一点他自己高兴干的事情"。

传统教育注重教师的师道尊严，强调教师的权威，但这不等于传统教育对教学方式唯灌输是从。在很多教师的认识中，一说起传统教育就认为"灌输"是其代名词，通过前面所列举的材料和观点，我们应当重新认识传统教育，传统教育重师道，但也强调和讲究教学方式与方法的选择，情境教学、启发式教学亦是传统教学中的重要艺术。

二、国外传统教育理论

对于情境教学和问题探究教学，西方古希腊教育学家苏格拉底曾说："我不授人以知识，而是使知识自己产生的产婆。"他的教学方法被称为"精神助产术"，主要通过层次不断深入的追问促使学习者逐步深入思考和探究，最终帮助学习者领会和领悟真知。在他的这种教学方法中，每一个环节都抓住了学习者学习心理的内在矛盾，创造出了有利于学习者学习的心理情境，帮助学习者更好地理解问题和解决问题，这种教学方法对当代教育教学具有重要的启示意义。苏联教育学家苏霍姆林斯基也阐述道："在人的心灵深处，都有一种根深蒂固的需要，这就是希望自己是一个发现者、研究者、探索者，而在青少年的世界中，这种需要特别强烈。"这句话强调了学生学习情绪与情境的意义。总之，国外这些教育思想都强调教学过程中教学形式的多样化，以此创造一种适合行思交融的学习环境，以达到引情启思的效果。

据前面所述，行思成长教学强调情境体验与兴趣激发相统一，强调自主探究与合作交流相得益彰，这种教育思想和教学理念在中外传统教育中有着丰富的思想根源和智慧积累，以这些传统教育的智慧之泉浸润核心素养下的历史教学，也是对传统文化的一种有益的传承与发展。吸收这些合理的营养，建构符合学生历史核心素养发展的行思型历史教学，是对当今历史教学的一种有益的探索与尝试。

第二节　教育学理论

一、建构主义理论

建构主义的思想源于认知加工学说以及维果茨基、皮亚杰和布鲁纳等人的思想。例如，皮亚杰和布鲁纳等人的认知观点——解释如何使客观的知识结构通过个体与之交互作用而内化为认知结构，维果茨基的"文化——历史"发展理论的广为流传，都是建构主义思想发展的重要基础。

当代建构主义学习理论在上述教育思想的基础上不断丰富与发展。对行思成长教学影响最大的是对知识观中"知识需要针对具体问题的情境对原有知识进行再加工和再创造"的内在理解。当代建构主义关于知识观问题强调：知识不是对现实的纯粹的、客观的反映，任何一种传载知识的符号系统也不是绝对真实的表征。它只不过是人们对客观世界的一种解释、假设或假说，它不是问题的最终答案，它必将随着人们认识程度的深入而不断地变革、升华和改写，出现新的解释和假设。知识并不能绝对准确无误地概括世界的法则，提供对任何活动或问题的解决都适用的方法。在具体问题的解决中，知识是不可能一用就灵的，而是需要针对具体问题的情境对原有知识进行再加工和再创造。按照建构主义思想来看，课本知识只是一种关于某种现象的较为可靠的解释或假设，并不是解释现实世界的绝对参照。某一社会发展阶段的科学知识固然包含真理，但是并不意味着那是终极答案，随着社会的发展，肯定还会有更真实的解释。更为重要的是，任何知识在被个体接收之前，对个体来说是没有什么意义的，也无权威性可言。所以，教学不能把知识作为预先决定了的东西教给学生，不要以我们对知识的理解方式来让学生接收，用社会性的权威去压服学生。学生对知识的接收只能由他们自己来建构完成，以他们自己的经验为背景来分析知识的合理性。在学习过程中，学生不仅要理解新知识，而且要尝试着对新知识进行分析、检验和批判。这种知识观对传统课程和教学理论产生了巨大挑战。基于上述建构主义对知识的理解，知识是一个不断认知、体验和建构的过程，知识是生存在具体的、情境性的、可感知的活动之中的内容。它不是一套独立于情境的知识符号（如名词术语等），不可能脱离活动情境而抽象地存在。它只有通过实际情境中的应用活动才能真正被人所理解。真正的理解只能由学习者基于自己的经验背景建构起来，是特定情境下的学习活动过程，否则就不叫理解，而叫死记硬背，是被动的复制式的学习。所以，学习应该与情境化的实践活动结合起来。

基于当代建构主义的知识观，在教学过程中，教师必须持有的教学观具体表现为：教师的教学要为学生创设理想的学习情境，激发学生的推理、分析、鉴别等高级的思维活动，同时给学生提供丰富的信息资源、处理信息的工具及适当的帮助和支持，促进他们自身建构有意义的、能解决问题的活动。行思成长教学通过创设情境帮助学生建构历史知识，形成历史认知，提升历史素养，完全符合建构主义理论的基本要求和原理。

二、经验主义理论

经验主义理论是美国著名教育学家杜威提出的教育思想，它强调学生直接经验的获得，在活动中获得知识，提升创造力，促进智力的发展。杜威的经验课程观包括以下方面。

1. 以儿童为中心的探究性学习观

他提出"教育对象不是没有情感的物体，而是有思维、有情感的人类"，所以他主张不要压制儿童的天性，要激发儿童的内在创造力和思维能力，在课堂中要让学生主动参与到教学活动中来，在教学活动中，教师是一个引导者，为学生创设情境、搭建桥梁，实现教育内容与学生实际生活的结合。

2. 以反省思维为指导的探究性学习观

杜威认为，经验中包含着思维，思维就是方法。他说："没有某种思维的因素便不可能产生有意义的经验。"探究性学习重视学生的自我发展，而自我发展的一个重要条件就是思维的开发，培养学生形成主动的思维惯性，破除原有的非此即彼的思维定式也是探究性学习的目的之一。杜威的反省思维分为五个阶段：第一，对问题的感知；第二，问题的形成——使困惑成为有待解决的难题；第三，模拟解决问题——运用知识，加以必要的观察，来模拟解决问题；第四，选择解决问题的办法——通过理性思考来选择一种解决方法；第五，通过实践来检验选择的办法。学生反省思维的训练还需要教师的引导以及学校教育、课堂教学创设相关的经验情境，使学生在了解了反省思维之后得到锻炼机会，再进一步使学生将反省思维运用到实际生活中，使反省思维成为学生进行探究性学习的一种思维经验。教学起初为学生创设情境，或者将教学内容与实际生活情境相联系，帮助学生的经验不断生长，为探究性学习提供经验基础。在这种情境中，教师要提供空间让学生发挥主动性、创造性，尝试让学生发现问题，并指导他们解决问题。

3. 以经验课程为指导的探究性学习观

杜威倡导并实施的经验课程形态是主动作业。主动作业有几大特征：第一，符合儿童生长的规律；第二，取材于社会生活，充满了事实和原理；第三，可以指出逻辑经验的发展；第四，体现了形式与内容的统一，成为课程与教学统一的中介和途径。把生活的外延引入课堂教学中，把学生主动性和创造性的生成、发展、提升的过程作为学习的方式即探究性学习。探究性学习不仅是课堂上的发现问题、解决问题，还有课外的实践检验，或者说将课堂教学的内容内化于心、外化于行。

概括起来，杜威经验主义课程观影响下的教学法主要包括以下几个要素：第一，学生要有一个真实的情境；第二，在这个情境内部产生一个真实的问题；第三，搜集知识资料，进行必要的观察应对这个问题；第四，有条不紊地展开他所想出的解决问题的方法；第五，通过实际应用去检验他的观念，使这些观念意义明确。基于经验主义的以上主张，杜威得出"教育即经验的不断改造"的结论，并以此作为逻辑起点，把基于行动的学习与不确定情境中的探索联系在一起，提出让学生在特定的情境中发现问题，在解决问题的过程中获得真知的问题教学法，提倡学生在经验中学习，在做中学习。

行思成长教学思想和范式吸收了杜威经验主义理论中的情境学习和问题教学的基本思想和方法，是经验主义理论在中学历史学科教学中的智慧性再建构和再运用。

三、人本主义理论

人本主义思想是现代西方资本主义的一种非常盛行的教育思想，是由美国心理学家马斯洛创立的，20世纪六七十年代首先盛行于美国。马斯洛认为人类行为的驱动力是人的需要。基于此观点，马斯洛人本主义学说强调人的价值，把责任与自由同样视为学习的重要因素，强调人的潜能的发展和挖掘，主张教育是为了培养心理健康、具有创造性能力的人，重视人的主观能动性，注重知觉在学习中的作用，重视学习者在学习过程中的自我导向和自我调节，主张发挥学习者的特质和潜能，并使每一名学生达到自己力所能及的最佳状态。

人本主义的学习理论的内涵体现在教学理论上就是以学生为中心，鼓励学生积极主动地探索和学习。人本主义的学习理论①主要包括：首先，从教育目标看，人本主义学习理论强调教育目标是培养学生学会学习，从而达到自我实现。其次，从师生关系看，人本主义还提倡以学习者为中心，建构和谐的师生关系。传统人才培养模式中，教师是知识的拥有者，而学生只是被动的接受者，学生没有权利选择自己喜欢的材料，即不管知识适不适合学生学习，学生都要被动地接受。这种师生关系必定会严重阻碍学生的学习和压抑个性的发展。人本主义学习理论强调以学生为中心，突出学生学习的主体地位和作用。学生是学习活动全过程的中心，教师应充分尊重学生，认可每名学生都是具有自身价值的一个独立个体。教师必须同学生建立起一种良好的人际关系，创造出一种良好的学习气氛，经常组织师生、生生之间的交流对话。在人才的培养方法上，提倡以学生为中心，建构和谐的师生关系是培养创造型人才的关键。再次，从教学方式看，人本主义意识到一切事物都是发展变化的，强调学生在教育中的主体地位，强调在教学过程中让学生产生和保持好奇心，以自己的兴趣为导向去探究任何未知领域。

　　人本主义认为教师仅仅是学生学习的促进者，作为促进者的教师的首要任务不是教而是促，教师应允许学生自由学习和满足自己的好奇心。另外，人本主义重视有意义的学习，提倡自由探索。人本主义另一代表人物罗杰斯把学习分为两类：无意义学习和有意义学习。有意义学习是指一种使个体的行为、态度、个性以及未来选择行动方针发生重大变化的学习。有意义学习不仅是一种增长知识的学习，而且是一种与每个人各部分经验都融合在一起的学习。在教育活动中，学生是具有发展潜能和发展需要的人。行思成长教学追求学生在学习过程中的情感体验与思维能力的提升，重视学生的独立和个性思考，强调基于独立学习与深入合作的深度体验和深度学习。作为主体

---

① 约翰·杜威.民主主义与教育［M］.王承绪，译.北京：人民教育出版社，2001.

的学生在课堂学习过程中具有自我意识和自控能力，自我意识和自控能力是自我改造与自我发展的核心。学生不是消极、被动地接受知识，而是根据自己的爱好、追求等来选择教育，并将其内化为自身发展需要的内容。行思成长教学主张的有意义的教学是人本主义理论在历史课堂的具体落实，是教学中教师与学生、主体与客体的和谐统一。

总之，人本主义教育学理论认为，课堂教学对人的素养的培育是对完整的人性和人格的建构。建构主义教育学理论以学生为中心，强调学生对知识的主动探索、主动发现和对所学知识的主动建构。经验主义教育学理论提出让学生在特定的情境中发现问题，在解决问题的过程中获得真知。人本主义、建构主义、经验主义理论等关于人的认知和学习过程的教育哲学，对学科课堂教学改革有着非常重要的借鉴意义。行思成长教学研究在吸收人本主义、建构主义、经验主义理论的理念基础上，以"行"与"思"为路径，行思结合，培养学生的核心素养，为学生的终身成长奠基。

第三节 心理学理论

一、认知领域的目标分类理论

教学目标分类理论是20世纪50年代以布卢姆为代表的美国心理学家首先提出的。认知领域教育目标可以细分为六个层级：知道、领会、运用、分析、综合和评价。

（1）知道是指对先前学习过的知识材料的回忆，包括对具体事实、方法、过程、理论等的回忆。

（2）领会是指把握知识材料意义的能力。可以通过三种形式来表明对知识材料的领会：一是转换，即用自己的话或用与原先不同的方式来表达所学的内容；二是解释，即对一项信息（如图表、数据等）加以说明或概述；三是推断，即预测发展的趋势。领会超越了单纯的记忆，代表最低水平的理解。

（3）运用是指把学到的知识应用于新的情境。它包括概念、原理、方法和理论的应用。运用是以知道和领会为基础的较高水平的理解。

（4）分析是指把复杂的知识整体分解为组成部分并理解各部分之间联系的能力。它包括对部分的鉴别、部分之间关系的分析和认识其中的组织结构。例如，能区分因果关系，能识别史料中作者的观点或倾向等。分析代表了比运用更高的智力水平，因为它既要理解知识材料的内容，又要理解其结构。

（5）综合是指将所学知识的各部分重新组合，形成一个新的知识整体。它包括发表一篇内容独特的演说或文章，拟订一项操作计划或概括出一套抽象关系。它所强调的是创造能力，即形成新的模式或结构的能力。

（6）评价是指对材料（如论文、观点、研究报告等）做出价值判断的能力。它包括对材料的内在标准（如组织结构）或外在标准（如某种学术观点）进行价值判断，如判断实验结论是否有充分的数据支持或评价某篇文章的水平与价值。

在这六个认知层级中，"知道"是属于最底层的，是整个认知活动的基础，其他各项认知活动都建立在"知道"认知活动的基础上，并对"知道"的相关信息进行加工和处理以及对信息进行转化、迁移和运用。这些信息的处理过程表现出了不同个体间的能力强弱和差异。认知领域的目标分类系统为我们确定教学目标提供了一个很好的思考框架。它阐明的学习目标应反映这一分类系统涉及的各种能力水平，学习目标的确立不能仅停留在"知道"这一基础的目标上，必须重视培养学习者的各种核心素养。按照北京师范大学历史系朱汉国教授的观点，历史学科五大核心素养中很重要的一个方面就是求智，求智在课堂学习中表现为学生解决问题的能力和思维的培养，这与行思成长教学强调的"思"即"思维"是一致的。历史课堂要突出对学生历史思维和解决问题能力的培养，就要把能力和思维培养确立为课堂教学的重要目标，在教学中充分借助鲜活的历史材料和问题情境，强化对知道信息的理解与运用，促进学生将课堂学习中的领会、运用、分析、综合和评价的体验过程顺利转化和提升为能力。

二、行为领域的学习投入理论

学习投入理论强调学习者的学习状态与学习效果之间的因果关系。20世纪初，阿斯丁提出"学习投入理论"的观点后，越来越多的心理学家开始对学习投入进行实验和研究。心理学家关于学习投入的研究主要聚焦在三个关键问题上：情感投入、认知投入和行为投入。普遍的观点认为，在学生行为投入的背后存在着一种更深层次的投入，即心理投入，它是使学生真正投入学习中的关键性因素。心理投入主要包括情感投入和认知投入。情感投入、认知投入和行为投入既紧密联系，又具有相对独立性，情感投入和认知投入是以行为投入为载体的，是行为投入不断深入的原因与保障。在具体的课堂学习过程中，只有当学生三方面均积极投入时，课堂的学习才是真正发生和高效的。

学习投入强调把握知识转化的规律，以探索为导向，使学习充满交互、开放、建构，学习者发挥自主权和探究学习策略，在学习过程中协作互助。这些都有利于指导虚拟学习社区中的认知建构：社会化的过程需要个人学习，此时学习者的隐性知识还没有进行结构化的加工，要重点突出学习者的自主和探索导向；外化的最佳方式是小组协作学习，通过讨论和交流对隐性知识进行提炼，达到显性化，此时强调交互和协作；组合通过教师指导下的社群教学来实现，以能够保证学习者获得精华的知识，此时强调开放和建构；内化需要学习者的个人辅导，通过个人的体验练习和反思将知识结构化，达到认知建构。

学生在课堂的学习投入具体表现为情感投入、认知投入和行为投入，三者分别从学生的课堂学习情绪、课堂思维状态和课堂学习意识三个维度营造出良好的课堂学习氛围，促进学生课堂的有意义学习，让课堂学习从浅表化学习走向深度学习。行思成长教学强调课堂活动要实现"以生为本基础上的以学为本"，就是要求教师在保障学生在课堂活动中的主体地位的同时，重点关注教学过程中的每一个具体环节的学习行为是否扎实、有效，关注学生在每一个学习环节中的学习投入，教师要通过各种方式营造积极的情境场和思维场，促进学生的历史学习在行思交互中不断深入。

另外，皮亚杰的认知发展阶段论①认为教学不能无视学习者已有的知识经验，而是应当把学习者原有的知识经验作为新知识的生长点，引导学习者从原有的知识经验中生长新的知识经验。依据此理论，我们在培养学生历史核心素养的时候不能单方向进行知识的传授，而是要尊重学生自己的理解，让学生充分参与教学过程。

加涅的累积学习理论②认为学生外显的信息、技能和内在的态度、策略均可以作为教学目标，这就为我们研究学生内在的历史核心素养提供了理论支撑。我们在历史教学实践中，以培养学生的核心素养为教学目标，所有的教学活动均为达成这个目标服务。

加德纳的多元智能理论③让我们以个体差异作为开展教育教学活动的立足点，通过多种途径培养历史核心素养。

教育家陶行知本名文浚，先改为知行，后改名为行知，这位美国教育大师杜威的弟子，一生致力于对中国教育的改造。他在《教育的新生》一文中讲得极为精辟："行是知之始，知是行之成。行动是老子，知识是儿子，创造是孙子。有行动之勇敢，才有真知的收获。"

上述心理学理论从情感、认知、行为三个重要的心理学领域揭示了学生课堂高效学习的整个心理活动特征，基于上述理论设计学生的历史课堂，引导学生进行深度学习，基于学习状态和学习效果观察学生，从这几个维度进行观察认知的专注度、思维的活跃度和思想的生成度。这也是行思成长教学课堂的本质追求和关键节点。立足于学生学习经验、个性差异，用多元的途径来培养学生历史核心素养。

---

① 皮亚杰.发生认识论原理［M］.北京：商务印书馆，1997.

② 加涅.学习的条件与教学论［M］.上海：华东师范大学出版社，1999.

③ 加德纳.智能的结构［M］.杭州：浙江人民出版社，2013.

教学理念是教师对教育教学活动的看法和持有的基本态度和观念，是教师对教育教学规律认识的集中体现，同时也是教师从事教育教学活动的稳定的信念。教师的教学理念对教育教学活动有着极其重要的指导意义。中国传统的教育是"围墙式"的教育，偏重学科知识的传授，强调书本知识的灌输，在学业评价上以简单、速决的分数与等级形式反映学生对书本知识的掌握程度。这就很少注意到学生的智力开发和创新能力的培养，很少注意到学生综合素养的成长，基于这种教育理念的教学很难培养出新时代需要的高素质的创新人才。这就要求教师首先要自身的解放和创新。所谓解放，首要的是教师教育教学观念的解放；所谓创新，首要的是教师教育教学方式的创新。

第二章

行思成长教学理念

第一节　行思成长教学的内涵

一、行思成长教学思想的提出

从教二十多年了，从来没有想过自己的教学思想。

激发我的思考的是参加广州市中小学新一轮"百千万名教师培养工程"，培训中有一项非常重要的学习任务就是反观自己的教育教学实践，并在专家的指导和同伴的帮助下，凝练自己的教育教学思想。

开始集训要求凝练教学思想，我搜肠刮肚难以成形。聆听两位导师的指导，要结合自己所在学校实际，结合学科实际，要简洁易懂，在内心就有了一粒种子。于是，回顾总结自己的教学历程，有了初步的思考。教师的"教"要立足于学生的"学"，直面学生的学习状况，给予思考应有的地位，让学生在学习中做到：第一，敢于思考。学生学习的早期是伴随着"十万个为什么"成长起来的，可是随着各种短视的、功利的、异化的家庭教育、学校教育、社会教育对学生的侵蚀，学生的思考能力逐渐被弱化、摧残，导致学习中出现思考恐惧现象，学生面对学习，害怕思考。因此，教育教学就要消除学生对思考的恐惧心理，营造积极的思考氛围，鼓励思考，重新建立学生思考的信心。第二，勤于思考。传统教育教学重视传授知识，导致原本用于思考的大脑变成了知识的容器。因此，要在教学实践中践行新课程改革理念，改变学生的学习方式，消除学生思考的惰性，倡导尽信书不如无书，让业精于勤成为思考的常态。第三，善于思考。局限于知识传授的教育教学使学生思维钝化，导致大脑变成一潭波澜不惊的思维死水。因此，要倡导创新精神和实践能力，激活学生思考的灵性，回归"做一根能思考的芦苇"的本原，让学生学习在行成于思中发展。第四，乐于思考。强调机械式记忆的教学使学生思维僵化，成为逆来顺受的思维木偶。因此，要用利于成长需求的营养剂滋养学生思考的活性，让学生需要思考、愿意思考，在学习中体验思考是人类最大的乐趣。第五，深度思考。"学而不思则罔，思而不学则殆"，对于学习中的思考，不能停留在肤浅层面上，应该追求深刻、缜密。有深度的思考才是直达智慧和美德的正确路径。因此，教师的"教"应该调动一切可能，促成学生的"学"，而学生的"学"要立足于"思"。

　　教师的本职工作就是教育学生，教育的主要载体在于课堂。从教以来，我上过不少公开课，有学校的也有区内的。我的课堂主要就是激发学生思考，于是我把自己的课堂归结为善于思考的课堂，简称为善思课堂。主要就是用核心问题来点燃学生思维，在课前设疑激发学生思考，课堂设问引导学生思考，课堂质疑激活学生思维，课后涉猎启迪学生反思。可是根据同行的评价、教研员的点评，一节课仅仅是思考就够了吗？在课堂上如何让学生更好地体验与感悟呢？如何让学生把知识转化成能力去实践呢？于是我又把着眼点放到行动上、实践上，让学生在学习过程中动起来。课堂上尽量让学生充分表达，引入小组合作学习，学生与学生之间、学生与教师之间相互进行讨论，在活动中构建知识，结合研究性学习开展教学。

　　在"百千万名教师培养工程"中进行集中研修，经过导师指导、拓展考察、成果凝练、同伴互助、课题研究、示范带学、跟岗实践等，进一步凝练自己的教学思想，才有了现在的行思成长教学思想。

二、行思成长教学思想的内涵

行，，会意字：从彳（次）从亍（处），本义：道路。行，道也。——东汉·许慎《说文》；行，人之步趋也。——《说文》；行，往也。——《广雅》。

思，，从囟（信）从心。会意。字从田，从心。"田"指农田，引申指谷物、粮食。"心"指牵挂、考虑。"田"与"心"联合起来表示"记挂谷物收成""考虑吃饭问题"。本义：考虑吃饭问题。引申义：考虑。思，容也。——东汉·许慎《说文》；思曰容，言心之所虑，无不包也。——《书·洪范》。

《左传》中说"大道行思，取则行远"。大意是：正道直行，善于思考，且行且思，探究规律，把握大道，然后取法于大道与规律，就能于法则和天道无违，思考就会有所得，等有了整体而具体的方案，才能真正少走弯路而越行越远。

成长，长大，长成成人，泛指动物或事物走向成熟的过程，就是自身不断变得更好、更强又成熟的一个变化过程。我的理解，成长就是认知迭代升级。

从需要的角度看成长，则成长是每一个生命体不可让渡的权利，这一需要是一个生命体的基本特征，是人之生命性的具体体现，是出自每个人生命本性的一种动力，而不是外界诱惑、压迫的产物。成长乃是生命体最为独特的存在方式。从这一角度认识人，则人的成长需要就是个体极为内在和根本的一种需要。

从成长的角度看需要，则人的成长需要就具有了整体综合性。这不是从具体分析类别的角度，而是从人的整体、综合、发展的角度认识人的需要，把人作为一个整体来看待，"是具有自然、心理、社会和精神文化三个层面特质相互渗透、丰富而复杂的人"[①]而不仅仅是一个认知体。因此，成长乃是一个整体的人的成长，是身处世界、置身于关系之中的人与世界关系的整体完善。人的成长需要指向于"成长"，这一成长不仅意味着在具体的生活环境中的成长，需要以对周围生活世界的认识、体悟为前提和条件，而且意味着"需要"外界环境对于个体的影响。在此意义上，教育教学就体现为对人之成长需要的唤醒、滋养，这使得教师的工作、教育活动同时兼有了永恒的意义和当下的特殊性。

用"行思"为关键词，搜索中国知网，全部文章都是基于行与思的本意，用于行思教育方面的文章基本空白。一方面表明"行思"的提法有其必要性，另一方面表明可以借鉴的文章很少，只能借助自己的教育实践，在反思过程中不断深入思考。

行思成长教学中，行，就是行动，互动、倾听、串联、思辨。行，其一，道路的选择，历史教学要选择培养学生的核心素养，这是历史教学的终极指向，是阳光大道；其二，是行动，是互动，是实践，是思考的具象化，是思维过程的外在表现。思，就是自己的思考、思辨、反思，生成自己的思想、智慧。学生历史学习，起于疑，基于行，经历思，归于成长。行与思是路径，成长是终极目标，一切为了成长指引下的行与思。

行思教学就是将以历史核心素养培养为核心的脑活动和以操作技能为核心的肢体活动有机结合，在活动中分析问题、解决问题，在实践中实现学和思的统一，彰显历史教学的价值。行思教学就是在教师精心创设情境、调度丰富素材、合理使用媒介、设计课外活动、实施课程评价等活动中凸显历史学科思维特征，激发学生好奇心，持续提升学生学习历史的兴趣，培育学生

---

① 叶澜.为"生命·实践教育学派"的创建而努力 [J].教育研究，2004（2）：33-37.

历史学科素养的教学方式。历史教学的最终价值指向是学生的成长需要，达成立德树人的终极目标。所以，在历史教学中要围绕学生的成长展开教学，为学生成长奠基。

行思教育就是要自己动手，在实践中观察和思考，以悟得新知；同时将习得的知识与具体的生活实践相联系，学以致用，活学活用。学生是具体的，处于具体的情境之中，而学生又是有活力的，有着与生俱来的内在的生命力。为此，学生需要的不是严厉的管束，不是严格的规范，而需要我们以对待生命体的方式对待他们：使他们能够主动健康地发展，而不是代替他们发展，更不是管束他们发展，而是遵循生命成长的规律助推学生成长。

教师的专业化发展也需要行思并进。教师的工作并不仅仅是单纯地应用过去所学的专业知识的过程，而是以行中思的方式解决不断出现的问题的过程。所谓行中思，是在面临问题时能够即时形成假说，并采取适当的行动以验证假说，然后根据行动的结果修正假说，决定下一步新的行动。这实际上是一个行动研究的过程。要实现行思并进就要求：教师的养成教育不能只注重专业知识的获得，必须注重培养面对问题时的方式能力。换句话说，行与思必须齐头并进，不能有所偏废。如果偏重于行，则所获经验对实践帮助不大；如果偏重于思，则思之所得容易与实践脱节。因此，在教师专业发展活动中，应促使教师达到行中有思、思中有行、行而后思、思而后行、思行合一、体验成长。

第二节　行思成长教学的教学观

教学，指教师的教和学生的学的统一。中国传统文化经典中关于教学的出处有《礼记·学记》："玉不琢，不成器；人不学，不知道。是故古之王者建国君民，教学为先。"《孔子家语·七十二弟子解》："颜由，颜回父，字季路，孔子始教学于阙里，而受学，少孔子六岁。"《东观汉记·邓禹传》："（邓禹）笃于经书，教学子孙。"《后汉书·本纪·肃宗孝章帝纪》："十一月壬戌，诏曰'盖三代导人，教学为本。'"《南史·崔祖思传》："自古开物成务，必以教学为先。"李斗《扬州画舫录·城西录》："室三楹，庭三楹，曰'一字斋'，即徐学庵教学处。"李广田《序》："二十年来，我一直从事教学工作，也一直以写作为副业。"《初刻拍案惊奇》卷十二："此间有一个教学的先生，姓阮，叫阮太始。"赵树理《金字》："在乡村集镇上教小学，教学以外的杂事很多，赛神唱戏写通知，写神庙对联，村里人有了红白大事写请柬、谢帖、庚帖（婚约）、灵牌。"解读这些传统文化经典可知，古代文化中对教学的理解均强调学习的思想性和内容的多维性。

古代的教学承载着教育的大部分功能，不仅要向学生传授系统的学科知识，训练学生形成基本技能、技巧，发展学生的智力和能力，还要培养学生形成正确的家国观、社会观和道德品质，同时使学生身体正常发育，健康成长，具有正确的审美观。概括起来讲，传统的学校教学是学校教育的一个重要组成部分，也就是说，古代的教学强调从大教育观视角来看待教学，可以理解为教学是基于课堂的教育，这也是古代教学的价值取向。

　　教育与教学在今天越来越被人为地理解为两个对立的概念，被窄化为教育是德育工作，教学是学科知识的传授。在应试教育的背景下，学科教学中的德育内涵理所当然被弱化了，越来越多的有识之人已开始认识到这一点，努力呼吁社会的关注。正因为如此，新课程标准中明确提出情感、态度、价值观的目标，其目的就是要突显教育在教学工作中的重要性，今天学科核心素养的提出更是强化了教育在教学中的意义。教育部基础教育课程专家、北京第二实验小学校长李烈老师在《最有力量的教育一定是最真实的教育》一文中描述说，儿童发展可以从两个角度来看：认知发展可以看作"人"字的左撇，个性社会发展也可以称为非认知发展，可以看作"人"字的右捺，一撇一捺组成了一个完整的"人"字。教学既要关注学生的认知发展，更要关心学生的个性发展，学生的个性发展重在"求"，而不是"知"，这就需要课堂上有更大的空间和更多的机会让学生去体验、去思维、去交流、去生成。这就要求教师教育教学观念的解放，教师教育教学方式的创新。周国平老师认为："人文精神是教育的灵魂，没有人文精神，教育就没有灵魂。"周国平老师强调的人文精神，重点体现为人生的品位、品质和品格：品位是生活的态度及方式，品质是生命的质量，品格是内心沉淀的德操。人文精神中的"三品之花"应该用三种教育来浇灌，即生命教育、智力教育和灵魂教育，三品教育实际上与核心素养的要求是一致的。如果说生命教育强调的是生命价值，意在教人热爱生命、尊重生命、享受生命；智力教育强调的是头脑的价值，培育学生的智力品质，让学生的智力得到健康发展，教会学生享受智力生活的快乐；那么，灵魂教育强调的就是灵魂的价值，套用柏拉图对于知、情、意的分类，灵魂教育就是强调发展情和意，包括美育和德育，以造就美丽和高贵的灵魂。

　　中国现代教育家陶行知认为，有什么样的生活，便有什么样的教育。

当今时代是创新时代，创新时代呼唤创新型的教育。创新教育不是一种单纯训练学生发明创造技巧的教育，而是一种全方位改造教育过程和学生成长过程的教育；创新教育不是一种培养少数尖子学生的英才教育，而是一种面向全体学生的素质教育；创新教育不是一种只重结果的教育，而是一种既重结果也重过程上的创新特征的教育；创新教育不是一种以挖掘个体某项能力为价值目标的教育，而是一种要从个体的心智世界中源源不绝地去引导出一些提供最佳创意的教育。创新教育培养人才的关键是创新品质与创新能力的培养。如果说创新能力强调的是智力，是智力教育，创新品质则更多强调的是生命的意义和灵魂的高贵，是生命教育和灵魂教育之和。

历史学科作为一门人文学科，有着包罗万象的素材，对人文精神的培育有特别的优势，理应被赋予更丰富的人文教育内容和内涵，这也是核心素养呼之欲出的现实背景与时代需要。

对个人而言，要增进知识，促进思考和认识发展，提高人文素养，帮助认识自我、认识人生，正确评价他人、尊重他人，培养健全人格；以史为鉴，联系现实，服务于今后个人的发展。对一个民族而言，要增强民族意识，弘扬优良传统，进行爱国主义教育；经世致用，服务于社会和国家。对人类文明而言，要传承历史，延续文明；尊重多元文化，培养全球意识；汲取前人的智慧与教训，造福人类。所以，历史学科教学不能只强调其教学意义，局限于智力的培育，更应当突出其在生命教育和灵魂教育中的意义，组织教学活动应当提倡从人的成长需要来综合考虑，这就要求历史教师充分挖掘历史课程中的人文元素，采取富有教化功效的教学组织形式，最终为培养健康善良的生命、活泼智慧的头脑和美丽高贵的灵魂做出更大的贡献。这是基于学生核心素养发展需要的历史教学价值取向，也是行思成长教学思想的核心追求。从教育的视角来看待历史教学，核心素养下的历史教学的教育元素必须从三个方面加以突显：

第一，要重视国民意识和品格、品质的培养。历史真正的普遍的意义在于布罗代尔说的国民意识的建构。国民意识是在特定的历史背景、社会背景以及经济背景下逐步产生、发展和形成的国民精神，国民意识的形成与社会政治、文化与经济等的发展有着必然的联系。借助丰富的历史中的政治、文化与经济等内容，引导学生建构健康向上的国民精神，这也是历史教育突显人文精神的价值取向。历史学习过程也是一项智力活动的过程，因为在历史学习的过程中有许多困惑与迷惑需要智力来破解。而智力活动需要以健康向上的品质、品格为动力，如远大的理想、坚强的信念以及强烈的创新激情等。在智力创新和情感驱动双重因素的作用下，人们的智力才能才可能充分发挥。所以说，教育对象具有的丰富的情感和良好的个性品质是形成和发挥智力的基础。历史教学要充分挖掘潜在的性情因素，通过丰富可感的历史场景使学生获得心灵的洗礼和灵魂的浸染。

第二，要重视历史问题意识的培养。智力创新活动需要有敏锐的问题意识，只有在强烈的问题意识的引导下，人们才可能产生强烈的实践动机，树立实践目标，充分发挥内在潜力和聪明才智，释放强大的创新激情。就好比一台机器，整个机器的运转，关键之处在于发动机。问题意识就好比发动机，发动机启动才能推动思维能力的运作。在20世纪五六十年代，许多科学家都把哥德巴赫猜想作为攻坚的目标。我国著名数学家陈景润当时也把被喻为"数学桂冠上的明珠"的哥德巴赫猜想问题作为自己的课题。正是在强烈的问题和创新意识的鼓舞和推动下，他们才投入了常人难以想象的精力和热情，取得了丰硕的成果。历史教学要注重学生问题意识的培养，尤其要重视面对史料、解读史料、提出问题的习惯与能力的培育。

第三，要重视历史思维的培养。历史思维具有五个明显的特征，即积极的求异性、敏锐的观察力、创造性的想象、独特的知识结构以及活跃的思维灵感。这种历史思维能保证学生顺利解决各种新问题，能深刻地、高水平地掌握知识，并能把这些知识广泛地迁移到学习新知识的过程中，使学习活动顺利完成。历史教学要创造条件培育学生的这种思维品质。当然，思维离不开知识，历史知识总的来说有三类：一是陈述性知识需要说明"是什么"的问题。也有的学习理论将这类知识再细分为事实性知识和概念性知识。在历史教学中，陈述性知识以直观、具体的面貌出现，需要引用史料证据，需要进行时空定位。在历史学习中，学生不仅应学会从材料中提取有效信息，还应具备搜集材料、辨别材料和整理材料的基本能力。二是解释性知识需要对"为什么"做出解答。要解决"为什么"这类问题，就需要运用史料、需要探求社会发展中各种复杂因素交织的因果关系，需要具体地、发展地、辩证地、全面地认识历史和社会的基本问题。由此，历史教学应考虑结合学生的生活经历、人类生活的基本状态、时代的特征和乡土资源等，使学生架起历史与当今之间的桥梁，并适当建立各学科知识的连接，从而深入地理解历史。三是程序性知识主要完成"怎么看"和"如何做"的任务。这不仅需要学生具有一定的基础知识，还需要有一定的分析问题、评价事物和解决问题的能力，更需要学生运用正确的情感、态度和价值观对历史事物做出相应的判断，并可扩展到对社会生活现状的判断。因此，让学生积累从多方面观察和判断人类行为的动机和结果的经验，了解人类文化创造，了解人类的宗教、道德观点，认识人类如何摆脱已有的冲突，等等，都是十分有必要的。归根结底，这是普通人应具有的决策能力，即解决实际问题的能力。

都说"历史是有生命的"，可是历史的特点是具有过去性的，过去的事物是死的，是没有生命的。要让学生获得生动的历史感知，要让死的没有生命的历史获得生命，必须依托丰富的材料，依托教师对材料和历史的生动的、富有思想和诗意的个性解读，这样才能激活这些死的历史，最终让学生获得深刻的情感体验。教学的特点是具有唯一性的，教学的唯一性不一定体现在教学设计上，也许教学设计是相同的，但教学过程不可能完全相同。也就是说，教学的唯一性具体体现在教学过程中，体现在课堂教学的现场，因为在教学过程和教学现场会遇到许多不同的新情况、新问题，需要教师智慧地完成和解决。有生命的历史课堂教学需要教师智慧地重构教学内容，将历史的特点和历史教学的特点结合在一起，个性地解读历史，智慧地组织教学过程。这就要求历史教师应该学会学习，这是知识经济时代对教师专业能力提出的一个基本要求。在科学技术不断更新的时代面前，"文盲"将不再单指没有文化知识的人，而是指不能继续学习，不能更新自己的知识、技能的人。新时代的教师，要培养适应时代发展的学生，自身就不能是"文盲"。美国卡耐基教育与经济论坛曾发起了一个题为"一个民族的准备：21世纪之教师"的专题演讲，提出了以下观点："教师应当对所有生理和社会系统的运作方式有准确的把握；对数据和应在何处使用它们有一定的敏感；有促进学生真正的创造力的能力；具备与那些能够决定他们如何开展工作的团体合作的能力。当新的挑战与科技的进步使得他们的工作更复杂、发生变化时，他们必须能够一直地学习下去。教师可能不会在执教前知道所有他们应当知道的东西，但是要弄清楚他们需要了解的是什么，从哪里可以了解以及如何才能够帮助他人弄明白这些东西。"[1]只有学会学习的教师才能在时代挑战中获得不断的发展。只有学会学习的教师才有可能培养出学会学习的人才。

---

[1] ［美］理查德·阿兰兹. 学会教学［M］.6版.丛立新，等，译.上海：华东师范大学出版社，2007：14.

第三节　行思成长教学的课程观

新一轮的课程改革有着深刻的时代背景。步入21世纪，人类社会进入了知识经济时代。国与国之间的竞争从根本上说是人才的竞争。只有拥有富有创造力的高素质人才，国家才能在竞争日趋激烈的国际社会立于不败之地。这就对各国基础教育提出了前所未有的新的要求和挑战。

新课程改变了原来以知识传授为主的倾向。传授历史知识无疑是历史教育的一项重要任务，但绝不是唯一的任务。知识不是目的，而是手段，历史课程的功能不仅仅是传授知识，而应当通过课程使学生形成健全的人格、积极的人生态度和独立的判断能力。它包括学生应培养爱国主义情感，树立正确的世界观、人生观和价值观，形成崇尚科学精神的意识，强化民主与法制意识，形成面向世界、面向未来的国际意识。这些内容洋溢着强烈的时代精神和人文精神，充满了对现实的真切关怀。新课程注重学生情感的体验、正确价值观的培养，这对他们日后在人生路上健康发展有不可估量的意义。

新课程提倡探究式学习。与过去接受式学习方式相对，本次课程改革要求学生掌握探究式学习的方法，能从不同的角度提出需要解决的问题，然后通过收集和整理相关的资料，经过独立思考，最终得出自己的见解。在探究式学习过程中，应积极与他人合作，共同探讨问题，听取他人的不同观点。通过探究式学习，学生可以逐步感知人类在文明演进中的艰辛历程和巨大成就，加深情感体验，培养起终身学习的愿望和能力。

由上可见，新的历史课程体现了全新的课程观念，以学生为本，全面贯彻素质教育，有利于学生的终身发展。

课程综合化成为课程发展的趋势。其一，不同学科的日益融合是课程综合化的背景。在人类文明的早期，由于认知水平的低下，人类所有知识都处于一种混沌的综合状态。随着人们知识的积累，各个学科逐渐分化出来。学科分化是人类认知水平的一次飞跃，它有利于人们更好地研究某个领域的事物。但毕竟自然界、人类社会和人类自身都是非常复杂的，在客观上又是一个广泛而又普遍联系着的统一整体。许多问题不是单个学科可以解决的，它需要多学科综合地研究，学科之间的渗透、合作、交流不可避免。20世纪以来，跨学科研究风起云涌，交叉学科、边缘学科层出不穷。人类又进入了一个知识综合化的时代。以历史学来说，就呈现这一趋势。历史学已摆脱了原先单纯政治史的陈旧模式，其研究范围大大拓宽，几乎涵盖了人类社会生活的方方面面。以社会史为代表的新史学将史学研究推向了新的境界。新史学不满足于传统史学的方法与手段，大量借鉴了地理学、经济学、社会学、人类学甚至自然科学的研究方法与成果，历史学正向综合的"大历史"迈进。历史学发展的这一动向说明历史课程的综合化既是可能的也是必要的。其二，课程综合化可以解决课程门类日益增多与课时有限的矛盾。当今社会，信息大爆炸，科技日新月异，知识更新速度极快。课程应当与时俱进，反映社会的需求，及时做出必要的调整，补充新的知识。诸如信息技术教育、生物技术教育、环境保护教育、法制教育都进入了课堂。这样就形成了一个矛盾：一方面新课程不断涌现，另一方面课时总量却相对固定，无法显著增加。课程综合化提供了解决这一矛盾的途径。它打破了原先不同学科之间的界限，对课程内容进行重新组合，减少了课程内容的重复，减轻了学生的负担，为新内容的引进腾出了空间。

课程乡土化是课程发展的一个亮点。一方面是开设独立的乡土课程。新一轮的课程改革明确规定"实行国家、地方和学校三级课程管理""经教育部批准，省级教育行政部门可单独制订本省（自治区、直辖市）范围内使用的课程计划和课程标准""学校……应视当地社会、经济发展的具体情况，结合本校的传统和优势、学生的兴趣和需求，开发或选用适合本校的课程"。各地的乡土史是乡土课程的重要组成部分。另一方面的含义是统一课程中融入乡土内容。中国任何地区的历史都是中国整体历史不可分割的一部分，中国社会的风云变幻必然在该地区有所反映。有些地区的发展史本身就是中国某段历史的缩影。以广州为例，这座城市的发展历程折射了中国自近代以来的屈辱与荣耀。所以，历史教师可以结合本地区的兴衰变迁来讲授中国历史。

课程乡土化有助于激发学生的兴趣。课程讲述的都是学生们生存环境的历史，可能学生们的祖辈就是这段历史的创造者或见证者；可能这些事件就发生在学生们的居住地区；可能这些人或事是学生们从小就耳熟能详的。这样的课程内容更贴近学生们的现实生活，具有亲和力，更易于激发学生的兴趣。

校本课程开发需要协同几大因素的作用。从课程开发的角度看，教师是主体因素，同行是合作因素，专家是提升因素，而学生是核心因素。课程建设必须是为了学生更好地学习、更好地发展，这个总体导向不能丧失。

作为历史校本课程开发的主体，教师不仅要有扎实的历史专业基础，还需要考虑当地学生的发展需求，具备相应的教学理论水平和掌握编制课程的基本技能。当然，任何一位教师都难以有足够的时间和知识去开发课程，因此教师必须学会组织同行参与课程的编制工作。

新课程改革的课程观和教材观强调教材不只是供传授的经典，而且是供教学使用的材料。教师和学生不仅是材料的主人，更是新材料和新教学智慧创生的主体。新课程改革的课程观和教材观强调历史课程不仅要有教学的意义，更应当有教育的内涵。基于这样的课程观和教材观，历史教学的重构必须建立在对历史知识的深入理解和教学内容的重新选择的基础上，对教学内容和知识体系进行再建构。

我国基础教育新课程改革的基本理念是：教育的本质是促进人的发展。传统教学中绝对化、权威化的课程观和教材观与之相去甚远。广西师范大学陈志刚教授认为历史教育领域中"成人的历史"课程的存在，给历史学科带来了极大的危害，至少表现在三个方面：第一，用单一的历史观理解历史，历史的丰富性、复杂性被摧毁，变得简单、片面、机械和僵化；第二，将历史根据主流意识形态的需要任意裁剪，历史课程的教育意义和对学生个性发展的价值被根本取缔；第三，忽视了学生对历史探究的需求，学生学历史的过程变成记诵成人提供的"历史结论"的过程

根据新课程理念，教材是教师为实现一定教学目标，在教学活动中使用的供学生选择和处理的负载着知识信息的一切手段和材料。长期以来，我们总是固守教材即知识、课本即根本的陈旧观念，习惯把教材视为学科知识的载体，教材内容必须是定论、共识或某一领域公认的原理、法则、定理，排除有争议的问题，不给学生发挥的空间和研讨的余地。在这种观念的支配下，教材是教师教学和学生学习的唯一依据。从具体教学内容、讲授顺序、列举实例、练习作业到最后考试出题，教师大都以教材为准，教师的教学活动即钻研教材内容、传递教材信息的过程，而学生的学也是围绕着教材去感知、理解、记忆。教学从教材出发，最后又回归教材，加上各种参考书、试题集、练习册、竞赛题等作为教材的补充、延伸，教材充斥了教学的各个环节，导致教学过程的封闭、僵化、死板。师生沦为课本的附庸、教材的奴仆，被动地围绕着教材转，教师"教死书"，学生"死读书"，完全失去了应有的主动性和灵活性。

历史教师面对时代发展的挑战，面对新课程改革的不断深入，要有课程意识和发展意识。

什么是教师的课程意识呢？从总体来讲，课程意识是教师应有的专业意识，是教师执行课程标准、落实课程方案的内驱力之一。历史教师应该敏

锐地认识到，我们所教的不是单纯的历史，更不是历史教科书，是历史课程而不是其他。首先，历史教师应该具有主体意识。在当前的课程改革中，我们应该明确地认识身为课程实施主体的地位。历史课程的具体实施需要全体一线教师的不懈努力。我们还要看到，历史教师不仅是课程的实施者，也是课程的研究者和开发者。因为历史课程的实施是一个不断对课程进行调适和再开发的创造性过程，为此，教师在教学中应努力探索引导学生学习历史、培养能力和提高公民素养的有效方式。历史教师只有确立了主体意识，才会激发出投身于课程开发和建设的热情，才更有助于实现教学的发展，达成课改的目标。其次，历史教师应该具有生成意识。课程的实施过程永远都是个动态的、变化发展的过程，有许多因素是我们事先所无法预测的。因此，课程实施过程中的生成意识是非常重要的，是历史教师不可或缺的。生成意识要求教师在完整地把握历史课程目标三个维度的基础上，结合教科书、课程资源和学生实际，对课程目标做精细的分解与系统的设计，时刻关注目标的达成和学生发展的状态，随时把握有教学价值的因素，实施灵动而有效的教学。其中一个基本前提是，教师要在教学过程中有意识地为学生的主动发展留下足够的话语空间。历史课堂教学需要在动态生成中获得新的发展。有生成意识的历史教师才不会在无法预测的情况出现后手足无措，才能在学生的历史学习中随时捕捉一闪而过的因素，经常给历史教学注入活力，提高学生的学习参与感和主动性从而实现教学相长的实效。再次，历史教师应该具有资源意识，此即指教师注重开发和合理利用各种课程资源的意识。我们应该看到，学生的发展并不仅仅是通过教科书来实现的，历史教科书仅仅是一种文本性资源，不代表全部的历史学习内容，因此是可以选择、超越、调整的，是可以创造性地利用的，而且应该与学生的生活经验和社会现实相结合，资源意识指导下的历史教师，应表现为"用"教材，而不是"教"教材。同时，历史课程的实施需要开发和利用大量的课程资源，从而为实现课程价值和学生发展提供丰富的土壤。一方面，教师要重视各种资源，包括地方性资源和学生资源；另一方面，教师对各种资源要认真筛选、合理利用，与教学紧密结合，不能光图课堂的华丽而滥用大量图片、视频和文字等材料，偏离学习的主题，给学生带来超负荷的信息冲击。

根据新课程理念，教材的实质是教学的范例，即把教材看作引导学生认知发展、生活学习、人格建构的一种范例，它不是学生必须完全接受的对象和内容，而是引起学生认知、分析、理解事物并进行反思、批判和建构意义的中介。因此，新课程理念强调教材是学生发展的文化中介，是师生进行对话的话题，师生进行教学活动不是为了记住话题本身，而是为了通过话题这一中介进行交流，获得发展。加强对课程的开发，尤其是对国家课程的二次开发，是落实新课程下的课程观和教材观的重要途径，也是行思成长教学的重点。行思成长教学思想强调教师在课程资源开发方面的能动作用逐渐受到重视和得以表现。在这个过程中，时代的挑战与个人发展的机遇是并存的。要在挑战面前取胜，教师既要主动修炼内功，也要积极争取外援。具体而言，一方面要关注教学实践，大胆进行教学探索，不断学习、提高；另一方面要开阔视野，寻求多种交流研讨的途径，争取校内外有效的引导，最终定能得到快速的发展；还需要学会学习，勤于思考，敢于实践，精于反思，善于扬长避短，善于发展，不断提升课程开发能力，也可以说是当代对教师素质的核心要求之一，是由教书匠型教师向专家型教师转型，在坚定信念、明确方向的同时，也要寻求适合自身发展的路径。争取主动就有出路，善于行动就会发展。

第四节　行思成长教学的学生观

在不同的时期，教育界对课堂教学的本质有着不同的理解，并赋予它不同的内涵。其实，通过仔细观察不难发现，由于教育现象的复杂性，即使在同一时期，人们对其的认识也不尽相同。或者将教学看作教师的教授活动，或者将教学看作促进学生智能发展的活动，或者将教学看作教师"教"与学生"学"的简单相加，等等。纵观过去中国教育对课堂教学本质的理解，主要包括以下几种典型的观点：

第一种观点：主动与被动。在两千多年的传统社会中，人们认为师者的职责是"传道授业解惑"，认为课堂教学活动的本质是教师传授知识的过程，或者是传授知识与培养能力的过程。基于这种认识，在教学活动中，人们高度强调教学中的"师道尊严"，强调学生学习的主动权在教师手中，学生作为学习者只能处于被动接受状态。在这样的教育理念指导下，教学过程往往是以教师活动为主，教学活动的基本形式大多是教师讲，学生听；教师说，学生记。这种理解最大的问题是把教师当作知识与能力的传递者，把学习当作听讲，把学生当作容器，已完全不符合当代教育发展的实际。

第二种观点：主导与主体。认为课堂教学的本质是由教师的教与学生的学组合起来的共同活动过程，在共同活动中，教师是活动的主导，学生是活动的主体。基于这种理解和认识，课堂教学基本过程主要包括讲解（教师的活动）和学习（学生的活动），而教师的讲解与学生的学习之间的媒介就是教材。教学就是在（教师的）教、（学生的）学和教材这三者的相互作用中展开的。其中教与学是以教材为媒介的，是师生双方共同的认知活动。

这种对教学活动本质的重新认识确实可以促进学生学习方式的转变，因为它较好地解决和实现了课堂教学中"教师的教"和"学生的学"的统一。正确处理师生关系是实现教育本质功能的基础。如果从教师和学生在教育教学过程中的地位这个角度来审视前面列举的两种观点和认识，我们可以发现以下的变化轨迹：

第一，坚持"教师主体，学生客体"。中国两千多年的传统教育把教学活动简单地看作"传道授业解惑"，教师把学生当成任意加工改造的对象和装知识的容器，这表现为教育教学中的强加、灌输、强迫，学生被动、消极、厌学、辍学、逆反等现象严重。这种教育理念在历史上流传很久、很广，影响也很深。经过当代多年的教育改革和教育观念的更新，这一教育理念在理论上已经没有了市场，但在实践中还屡有表现，习惯思维和行为还很顽固。

第二，坚持"教师主导，学生主体"。这种观点认为教师作为主导，在课堂教学中的角色就是导演，是组织者，是协助者；学生作为主体，在课堂教学中的角色就是主角，是所谓的探究者。实际上，学生所有的活动与安排，都是在教师的设计和意料之中的，学生自主和发挥潜能的空间依然非常有限。这一观点在中国近代教育中比较流行，从理论上分析似乎是正确的，但在实践中，教师往往难以处理好主导与主体之间的关系，常常是主导错位，以主代导，或是主导凌驾于主体之上，主宰一切，主体的地位难有保障。因此，在课堂教学中也就出现了很多形式主义的作秀课，如小组合作徒有其形，问题探究缺少相应的协作。

值得关注的是，以上两种观点本质上都是一致的：都承认在教学活动中教师的权威，无论是主导还是主体，背后都是教师起着牵引的作用，学生的学习活动仍然是被动进行的，学生是配角。

随着新课程改革的不断深入，我们越来越清晰地认识到，身为教师，靠原来的那种观念、知识与能力，根本无法适应和胜任新课程的教学。因此，通过在课堂教学实践中不断学习、不断成长以成为新时代教师的内在的需要与外在的要求，也是当今时代的信息与知识革命所引起的一种必然的变迁。教师成长与学生成长是相辅相成的，没有教师的成长也就不会有学生的根本成长。因此，在对课堂教学的本质与内涵的理解中，理应强调课堂应当成为师生共同成长和进步的场所。现代教育思想认为，教学是交往，师生在平等的基础上交往，相互影响，相互作用，构成师生共同体。教学活动实质上是教师与学生、学生与学生在相互交往的过程中相互影响的过程。所以说，教师和学生都是教学活动的主体，其客体就是国家的需要，社会的要求以及自己发展和完善道德认识、道德情感、道德意志与道德行为的追求。

基于这种理解和认识，对课堂教学有三点必须明确：

第一，新课程下"传"或"导"虽然还是一种有效的课堂教学组织形式，但不能成为唯一的或是主要的形式，现实中更要强调的是教师和学生建构的学习共同体。

第二，既然教师是不断成长的主体，课堂教学就不可能是完美无缺的。也正如华东师范大学的叶澜教授所说的，课堂必然是有缺陷的课，但一定是真实的课堂、有意义的课堂。

第三，既然课堂是有缺陷的课，就必须关注课堂教学的生成，课堂生成是点燃师生智慧火花最宝贵的火苗。

课堂教学中教师是主体，学生也是主体。基于这种认识，核心素养下的课堂教学更应是一种双主体教学。什么是双主体教学？从理念上讲，双主体教学认为学生是自身学习与发展的主体，同时又认为教师是教育活动的主体，教师和学生这两个主体在学校教育过程中协同活动，共同完成教育的任务。当今基础教育领域正在兴起的一股对双主体教学的关注与研究，正是建立在对课堂教学本质的重新审视与认识的基础上，是对过去的"课堂教学中教师主导、学生主体"的挑战。这种教学挑战由于充分关注到了教师的成长，关注到了教师成长与学生成长的辩证关系，所以促使课堂教学本质的内涵更加丰富与完善。

新时期呼唤建构和谐共进的教师观。要求教师明确自己不是一个教师，而是一个帮助学生学习的人，也就是要教师把自己看作学生的"学长"，成为学生的帮手、促进者和知心人。所谓学长，即是比学生先学一步的人。具体来说，和谐共进的教师观要求我们做到以下几点：

第一，建立和谐的师生关系。传统的师生关系是一种不平等的人格关系，教师为主，学生服从，师生不能平等地进行交流，造成学生的心理失衡，对交流失去兴趣，对学生创新意识的培养更无从谈起。同时，我们也要知道，教学活动必须在一定的规范中进行，所有在规范中的因素建立的都是对等的联系。虽然，我们可以从"人生而平等"的观点去看待师生政治、人格、地位平等的一面，但在历史教学系统中，教师的教与学生的学是相对的，有时可以处于和谐的状态，有时也会发生矛盾冲突。历史教师作为课程实施的主体，有执行教学规范的裁决权，需要随时进行课堂的管理和控制。历史教师上课面对几十个性格不同、能力各异的学生，课堂上将会出现的问题是无法全部预测到的。教师既要授课，又要调动学生的主观能动性；既要完成预设的教学任务，又要及时发现和解决当场出现的新情况、新问题，这就完全要视教师实施课程的能动性而定。不论是熟悉学生，还是严格课堂管理，或者是创设良好的课堂氛围，只有主体地位明确的教师才能发挥出应有的教学水平。新型的师生关系强调师生之间人格上的平等，教师要尊重学生的思想、情感和行为方式，为学生创造生动活泼、益于创造性发展的环境，和学生进行研讨，自由地进行双向交流，使学生形成探求创新的心理取向和性格特征。这样的师生关系最有利于激发学生迸发创造性思维的火花。从某种意义上讲，课堂教学与其说是师生之间信息交流的过程，不如说是师生之间情感交流的过程。只有在亲密融洽的师生关系和民主和谐的教学氛围中，学生对课堂学习才有一种愉快感和向往，才敢于踊跃争论，勇于表现自我，充分发挥自己的主观能动性。

教学实践也表明：只有在平等、和谐的教学氛围中，师生才能彼此尊重、互敬互爱、教学相长。爱是民主、和谐的核心，教师要通过对学生的关怀，表达对学生的情感，达到与学生心灵相通的目的。要建立新型、平等、和谐的师生关系，就要摒弃那种凌驾于学生之上的师道尊严作风，尊重学生的主体地位，把教师的角色定位为学生的合作者、鼓励者和引导者。既将自己视为学生的师长，又将自己视为学生的学生，将学生由被动接受知识的地位，推向主动探究、主动获取、主动发展的前台。

第二，确立为学而教的教学意图。古人讲："授人以鱼，不如授之以渔。"现代西方教育理论也认为，最有用的学习是"对学习的学习"。这样看来，教师传给学生的不光是系统的历史知识，更重要的是教给学生学习历史的方法，培养学生学习历史的能力。这就要求中学历史教师在教学中的教法服从学法，教学目的是教会学生学。因此在教学前，教师首先要研究学生的需要，要研究学生的接受心理。新课程条件下教师的地位和角色发生了很大的变化，教师不再是课程知识的被动的传递者，而是主动的调试者和创造者；教师不再是真理的垄断者和宣示者，而是真理的追求者和探索者，学生学习和发展的促进者，与学生积极互动、共同发展的协作者，也是组织学生合作学习的引导者以及学生主动探究的帮助者。教师在教学过程中应和学生积极互动、共同发展。教师应处理好传授知识和培养能力的关系，注重培养学生的独立性和自主性；促进学生在知识与技能、过程与方法、情感态度与价值观三方面健康和谐地发展；积极探索新的教学方法，如启发式（以引导为主）、探究式（以问题为中心）、开放式及活动式（以个案为主题）等。在实施新的教学方法的过程中，教师应尽量发挥现代化教学媒体的辅助作用，以提高学生学习兴趣，突破教学难点。

第三，相互促进，教学相长。在历史教学中，师生之间的关系有一个动态变化的过程。师生的相互了解需要经历一个从感性到理性、从表象到本质的深化过程。师生之间的情感需要磨合，教师的教与学生的学都有不同的特征，也有一个相互适应的过程。当师生之间的情感较为融洽，并在教与学之间建立起某种默契时，师生就共同在心理上产生了较好的相容性，相互促进就有了可靠的基础。不断相互促进是良性师生关系进入成熟阶段的重要表现。良性师生关系的建立应服务于教学的有效性，而有效教学则集中地体现于教学相长之中。教师是学生开展历史学习的组织者、促进者，也是学生成长的指导者，学生的全面发展需要优秀教师的教导。学生对教师的专业成长的促进不是体现在教导上，而是表现在两个方面：一是学生对历史学习产生了主动性。只有主动地学习，对教学才会形成推动力，而被动地学习将会导致教师故步自封。二是学生在教学中显现的生成因素。学生在学习中有了主动性，就会对教学做出适时的反应，由此为教师的教学反思提供了灵感。教师得到真正的提高和发展也会进一步提升教学的有效性，使学生在历史学习中获得更大的收益。

20世纪以前，在西方教育理论中占主导地位的教学观是"教学是艺术"。但受20世纪以来科学思潮的影响以及随着心理学特别是行为科学的发展，人们逐渐意识到，教学也是科学，即教学不仅有科学的基础，而且还可以用科学的方法来研究。之所以能有效达成历史学科核心素养的各项发展目标，就是在坚持教学艺术的基础上尊重教育科学的规律，其课程观、教材观、师生观和教学观均以教育科学作为理论和现实依据。按照奥苏贝乐的有意义学习理论，有意义的课堂设计必须从学生现有的认知结构出发，就是从学生现有知识的数量和组织结构出发，尊重学生的起点水平，包括认知水平和能力水平。行思成长教学为了达成历史教学的有意义，在尊重学生现有水平的基础上，从学生最近发展区入手，寓学以境，以情诱思，使学生在课堂学习动机、问题解决和协作交流等方面均显示出不一般的优势，尤其是在课堂学习中做到情境和思维的交互渗透，营造出学生成长需要的强大发展场，有效促进师生和谐发展。行思成长教学强调教师在教学各个环节充分搭建脚手架，其意义是要求教师打破灌输习惯，创造条件，给学生提供更丰富的历史体验和更多的思维探究的机会，以促进学生核心素养的发展。

行思成长教学作为一种教学模式，是基于新课程学生学科核心素养的培养需要和历史学科的特点，基于一线长期的模式实践建构起来的富有人文关怀的教学策略。从课堂动态特征来看，行思成长教学突出课堂教学主体的多元性，倡导课堂学习活动的自主性、主动性和合作性，关注教学内容的开放性和生成性，关注教学主体之间的对话、交流与生成，关注教学场景的生动性和体验的深刻性。

行思成长教学的操作路径

第三章

第一节　行思成长教学的基本框架

模式是一种流程和结构。《基础教育课程改革纲要》指出："改变课程过于注重知识传授的倾向，强调形成积极主动的学习态度，使获得基础知识与基本技能的过程同时成为学会学习和形成正确价值观的过程。"要求"逐步实现教学内容的呈现方式、学生的学习方式、教师的教学方式和师生互动方式的变革。"为了实现新课程改革这一目标，我在高中历史教学实践中逐渐构建行思成长教学模式（图3-1-1）。

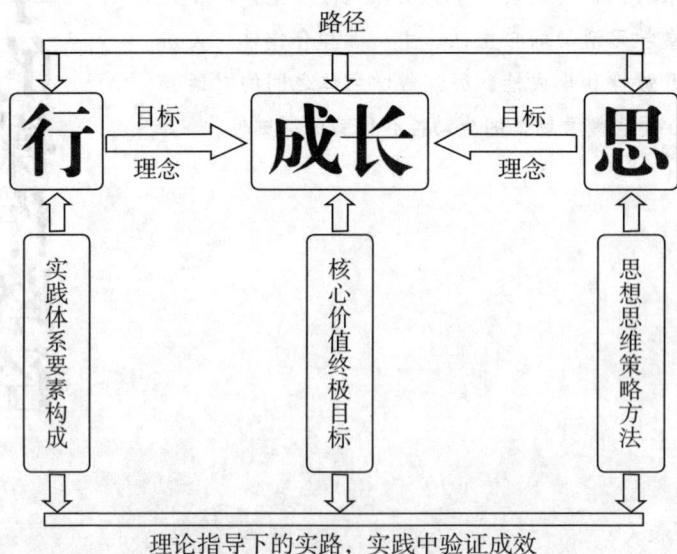

路径

行	目标 理念 →	成长	← 目标 理念	思
↑ 实践体系要素构成		↑ 核心价值终极目标		↑ 思想思维策略方法

理论指导下的实路，实践中验证成效

图3-1-1　行思成长教学模式的含义

图中"行"，就是行动，由互动、倾听、串联、思辨等一系列实践要素体系构成。"思"就是自己的思考、思辨、反思，生成自己的思想、智慧，就是策略，就是思维方法。行与思是路径，最终目标指向成长。成长是一切教与学的核心价值和终极目标，一切为了成长指引下的行与思。行思成长是情境与行动、思维与思想的有机结合，是在理论指导下的实践，在实践中验证成效，体验成长。

在行思成长教学中，教师在情境创设、素材选择、媒介使用、课外活动、课程评价等活动中有意识突出历史学科思维特征，使课堂充满悬念，激发学生学习历史的兴趣，最终形成学生的历史思想，即历史智慧，达成为学生成长奠基的终极目标。

行思成长历史课堂具有如下特征：

（1）目的性。创设任何历史情境都是为教学主题服务的，不能为了情境而创设情境。

（2）真实性。历史是一门求真的学问，允许有合理的推理和想象，但不允许虚构。

（3）思维性。创设历史情境的主要目标之一是为学生的探究活动服务，富含思维性才能服务于历史思维能力的培养。

（4）趣味性。历史情境的创设最好有趣味性，引起学生兴趣，使学生眼前一亮，乐于置身其中，接受挑战，开展探究。

（5）开放性。教师设计问题应给学生留有深层次探究的余地，能为学生提供思考和讨论的广阔空间，问题的选择也应具有多维内涵，以培养学生思维的独立性、发散性及创造性。

总之，在行思成长历史课堂教学中，教师要采用基于教育学、心理学和历史学科的相应的教学方法来唤醒学生学习的动机，激发学生的学习兴趣，实现历史课堂的以行促思、以思促成长，使学生达到情感层面上的乐学和理性层面上的善学，从而收到行与思相得益彰的效果。

在行思成长教学基本理论的支撑下，基于行思成长教学模式的基本结构和特点设计出行思成长教学的基本流程，其基本步骤包括：第一步是主题确立，第二步是情境创设，第三步是行思交融，第四步是迭代成长。具体落实到高中各个学段，根据学情有所侧重，有相应的调整，可是整体思路不变。

一、高一学段侧重点在于学习习惯的养成

高一学段是高中的起始阶段，行思成长教学在这个阶段设置的主题侧重学习习惯的养成（图3-1-2）。

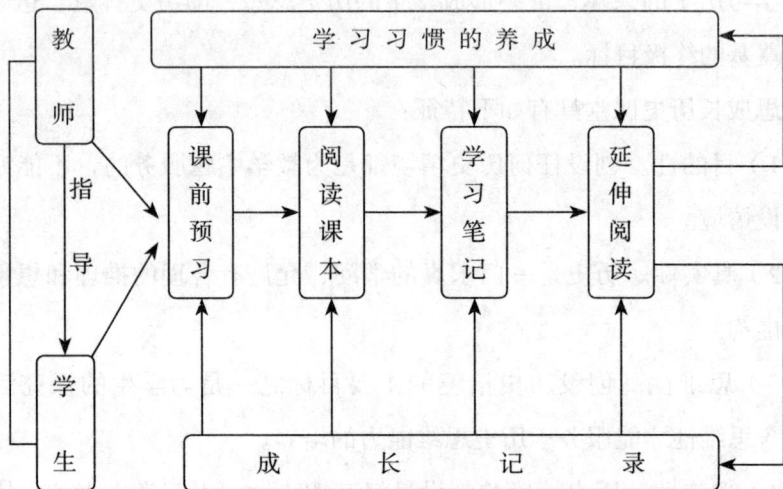

图3-1-2　基本路径

图中，课前预习主要是指预习时必须把学习内容看一遍。建议阅读顺序为：分析、分解课题——看课标（特别是叙述中的动词）——记本课要旨——浏览本课测评的问题——带着问题看每一目（看时尽可能展开联想和猜测，估计目与目之间的联系及它们要表达的主题）——带着联系看正文内容，包括浏览各种字体和插图、每页的注脚等——回归课标（是否体会到课标要求）。在预习的过程中先把自己认为是重点、难点的地方找出来，这本身就是提高自己分析能力的过程。

阅读课本：①读目录，先看整体单元，主要从所选主题、角度、单元之间的联系、阶段特征来看，尽可能多角度地把握全书内容。②在每一单元内再看主线，在所属单元找到纵向联系，在前后单元找到横向联系。③写出课本知识的内在联系。

学习笔记：①明确该记什么。历史要素有时间、地点、人物，这些在教材上有，圈出即可。事件的背景（原因、条件）等教材上有涉及，但往往非常简单，如果需要掌握，可以在教材相应地方做补充式的笔记。对事件的分析是培养历史学习能力的重要方面，新教材中基本不讲，要在师生讨论的基础上记下讨论的结论，或讨论中闪现的思维火花。告诉学生，当老师放慢了语速、反复强调某一点甚至几次重复某句话时，这里就是重要的或者难理解的地方，需要记笔记。②怎么记。一个专题内容归纳不同历史时期的重大历史事件，通常每一课都分析历史事件的背景、过程（内容）、结果、影响这几个要点，这是笔记最基本的框架要求。课堂笔记不需要一字一字地完整、漂亮地写下来：在教材原有的基础上，在自己看得明白又能记录下要点的前提下，越简单越好。③补充的内容。结合教师的板书，由学生自主确定应该把补充的内容记在哪里，要怎样记。教师要时不时地提示学生记笔记的方法，教师对重点词句要适当地重复、加重语气，对重要句子的非重点部分则不必用太慢的语速。总之，口述的速度既要让学生能够大致记下笔记，又要让学生不能一字一句地全写下来，不妨让学生做到"要点都有，句子都不完整"。经过一段磨炼，让学生能够对动笔的时机产生条件反射式的敏感反映，并有一套自己的、相对稳定的记笔记的方法。④无须记笔记：次要的知识、一看就懂的内容、书上有的知识。为更好地培养学生记笔记的习惯，教师可以多次安排学生笔记展示和观摩。开始时半个月一次，之后可以间隔时间长些，这样可以促使学生相互借鉴，加快记笔记习惯的养成。教师还可以让学生利用假期回顾、总结一下自己记课堂笔记的心得。开学之初搞一个写课堂笔记的经验交流，给学生一个展示的机会，也使学生彼此学习，进一步提高写课堂笔记的能力，更好地学习下一阶段的历史课程。

延伸阅读：新课标简洁的风格在突出重点的同时，时代跨越性较大，前后衔接较差，中间的断层需要通过大量的阅读去弥合，而且广泛阅读能在一定程度上拓宽知识面，开阔视野。

成长记录：成长记录袋记录学生在某一时期一系列成长故事，是评价学生进步过程、努力程度、反省能力及其最终发展水平的理想方式。它可以让学生判断自己的学习质量，检查是否进步。教师可以预期判断学习过程和结果，将课程和学生发展保持一致。同时，它可以展示学生最好作品，反映学生进步，发展学生的自省意识和能力，通过形成性评价证明进步，是教师的评价工具。不过，要注重在评价过程中让学生适当参与，如内容收集、编排保留可由学生完成，教师负责指导如何操作，监控过程，鼓励学生自省和反思，教师负责主持交流会议。

（1）成长记录袋构成（表3-1-1）。

表3-1-1　成长记录袋构成明细

项目	内容	教师跟踪评价
课前预习	在预习的过程中先把自己认为是重点、难点的地方找出来，提出有疑惑的问题	课堂提问
学习笔记	重点内容，并非全记录教师板书，课后记录补充才是真正的笔记，每一次布置作业完成，要有记录时间	不定期检查
师生对话	学生可从题目、学习、生活等方面提问题，教师定期收集，统一阅读后归还，可面批	及时鼓励
资料收集	与该科学习相关的报纸、杂志的剪辑，对剪辑的相关链接，阐述自己的观点和体会（自己觉得经典的题目）	及时鼓励
延伸阅读	学生自行阅读课外相关书籍，进行自主学习和探索	及时鼓励

课堂笔记用活页夹完成，其余则用文件夹保存。学生、教师共同完成。

（2）学生的个性化设置。设计封面、自画像（姓名、生日、崇拜的人、座右铭、最值得骄傲的事情、最刻骨铭心的失败、理想的大学）、评价

（自我评价、同学评价、教师评价、家长评价）、资料（试题试卷、课外阅读剪辑笔记、知识点分析、学习反思、学习过程中的减压方法）等。从简单和易于操作出发，可就平时活页笔记本进行成长记录。例如，思雅同学设计的个人档案色彩丰富，有自己对人生的理解、平时阅读笔记、西方哲学史、测试反思、每月小结；冠楠同学的记录袋中有个人档案、自我评价、测试反思小结、自己整理的专题、错题集与分析；俊筠同学的除了要求之外，还有个人积累归纳；秀琼同学的有试卷资料、大事年表、课本目录。

（3）教师及时反馈。从文字上分析该生是怎样的一个学生，从发展性角度进行激励。教师借助课堂、记录袋评价等各种渠道及时反馈，适时引导，因材施教。

当然，高一学段要重视培养学生学习历史的兴趣，所谓"知之者不如乐之者，乐之者不如好之者"。历史的过去性决定了历史学的一个非常重要的原则，即直观性教学原则。一堂课的教学效果如何，直观性教学原则的贯彻和直观教学手段的采用在其中起着极其重要的作用。我在课堂教学中经常使用多种教学手段，达成思维可视化的效果，提高学生的学习积极性。例如，我们可以更广泛地采用电教媒体提供的信息，充分利用电教媒体把远的拉近，把抽象的变成具体，把虚的变成实的，创设有趣的教学情境，调动学生的各种感官，使学生们在情绪兴奋、乐观活跃的气氛中轻松地掌握知识，激发他们的认知兴趣和求知欲。这样学生会精神振奋、全身心地投入教学情境中，从而达到最佳学习效果。

二、高二学段侧重学科思维能力的培养

高二学段是高中的承上启下阶段，行思成长教学在这个阶段设置的主题侧重历史学科思维能力的养成（图3-1-3）。

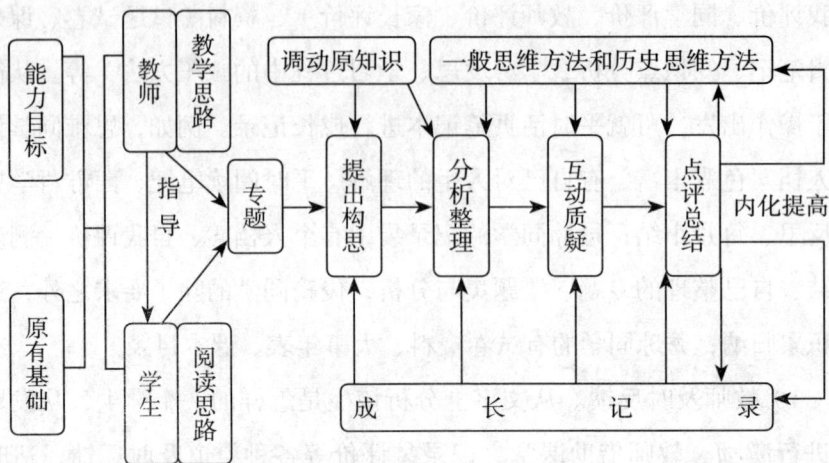

图3-1-3　基本路径

图中教师的教在学生的原有基础上提出能力培养目标，立足于历史学科的主干知识，进行学法指导，知识积累，激发学生兴趣。选取古今贯通、中外相连的专题，涵盖人类历史发展的主要领域。强调不在于知识点掌握，而在于思维方法。每次均围绕一个专题，师生提出构思、分析整理、互动质疑，最后点评总结。学生在具体的实践中进行发现学习，体会学习的乐趣。教师不仅要讲清楚课本上的知识要点，而且更应在分析问题和解决问题时向学生展示自己的思路，教给学生思维策略、思维方法，使学生学会思维，将知识转化为自己在新情境中独立分析问题、解决问题的能力。

学生写阅读思路，呈现思维过程，使学生在阅读归纳能力和思维能力等方面均得到一定程度的提高。首先，要求学生通读全文，对课文内容有总体概念，然后根据课文内容列出其知识结构，以知识结构的框架来串联课文的知识点，把原先比较繁杂或头绪较多的知识章节梳理清楚。这可培养学生阅读和归纳的能力，同时也使他们更容易掌握历史知识。其次，阅读思路不拘于一格一体，更无标准答案，只要能满足内容完整、条理清晰和重点突出这三个要求就应算是优秀的阅读思路了。

成长记录：这个学段的成长记录，根据学生的实际情况有了微调，主要增加了测试反思（表3-1-2）。

表3-1-2　成长记录表

项目	内容	教师跟踪评价
课堂学习	重点内容，并非全记录教师板书，课后记录补充才是真正的笔记，每一次布置作业完成要有记录时间	不定期检查
测试反思	每次测试成功或失败反思，看下次是否能坚持优势；对错的题目记录整理并重做，厘清出错原因；对每次重要测验考试进行反思，主要从知识、能力、解题策略和心理四方面来总结自己的每次成功与失败，越能认识清楚，对自己以后进步越有利；把测试卷亦放在文件夹内保存好 还要想一点：（预测）你应得的分数是多少？实际得的分数是多少？从中找差距、找原因	及时鼓励
每月一得	学习体会或小结，主要从得失方面入手要求培优学生全身心投入，真正使自己得到最大限度的发展。印象最深刻的解题成功，印象最深刻的解题失败（经典失败）	及时鼓励
师生对话	学生可从题目、学习、生活等方面提问题，教师定期收集，统一阅读后归还，可面批	及时鼓励
资料收集	与该科学习相关的报刊、杂志的剪辑，对剪辑的相关链接，阐述自己的观点和体会（自己觉得经典题目）	及时鼓励
延伸阅读	指导学生自行阅读课外相关书籍，进行自主学习和探索，这是优秀学生必备品质之一	及时鼓励

高二学段可以适度指导学生自主学习。过去所谓的"学习指导"是学生围绕教师转，教师发现学生掌握知识的问题和症结后对症下药，通过解惑、解难，把学生引导到教师预先确立的标准答案上来。师生思维形态是求同思维，这种学习方式虽然利于学生接受知识，但是却不利于学生创新意识的形成和创新能力的培养。自主学习是一个积极主动的知识建构过程，学生主体地位的显现需要教师发挥主导作用。信息时代，学生知识的来源是多渠道的，学生通过各种媒体接收大量信息，有时候会在某个方面超过教师的知识储备。所以，教师的职责不再仅仅是传授和管理，而是具有民主平等的教学

作风，将自己定位于学生学习的伙伴、意见的倾听者、成果的分享者，与学生结成学习共同体，共同成长。

初中学生学习历史基本上局限于对历史基础知识的简单记忆，绝大多数学生既不掌握历史学习方法，也不了解历史学科的特点。因此，进入高中学习的学生，绝大多数不具备与教材要求相适应的学习能力。带着这方面的欠缺，步入高二学段文理分科，随着历史教学深度、广度的进一步提高，学生学习能力与教学要求之间的差距逐步拉大。阅读历史书籍处于机械、无意义状态的学生往往成为教科书的奴隶，为记忆历史知识背上沉重的包袱，从而渐渐失去对历史的学习兴趣。由于不具备阅读能力，学习中不能准确获取有效信息，识记、理解、运用都有困难，影响了学习成绩的提高。

苏霍姆林斯基说："许多学生不能掌握知识，乃是因为他们还没有学会流畅地读，有理解地读，还没有学会阅读的同时进行思考。"从高中历史教学的特点来说，加强学生阅读能力的培养应得到应有的重视。高中历史教学的课时容量之大、阅读记忆量之多，远胜其他学科。新的高中教科书的改革，使课文内容富有弹性，增加了大量原始资料、图片、历史故事，使课文的阅读量进一步增大，而且新教科书对阅读的要求进一步深化。引导学生学会阅读教科书已成为提高历史课堂教学效率与效果的重要环节。通过阅读，学生才能在自主性学习中主动地获得更多的历史信息，形成自己的历史知识。

阅读能力是各种能力形成的基础。那么，在高中历史教学中如何提高学生的阅读能力呢？我认为可以从以下几个方面着手。

1. 课前导读

课前导读是指上新课前带着问题阅读，做好课前预习，目的是初步理解新课内容，找出学习难点和疑问，为上课创造有利的心理状态，学会带着问题阅读，学会思考和解决历史问题的基本方法和方向。这种带着问题去获取新知的心理欲望，可以说是对"我要学"的最好诠释。

2. 课堂上熟读

长期以来，历史课堂教学一直处于一种封闭状态，学生并没有实现真正意义上的阅读，而是被动接受教师的解读。我认为课堂熟读可分为朗读与默读。朗读是出声阅读，是由眼、脑、口、耳同时参与，朗读的主要技能是重音停顿、语调和语速，默读则要求学生集中注意力。古人云："读书百遍，其义自见。"这就是说，书读得熟了，教师不必多加解说，学生也自然能明白其义了。在课堂阅读中，教师要指导学生学会在课文中抓中心句、抓关键词。通过教师一定时间的引导和训练，学生们会发现，很多时候我们可以用文中的原文加以作答，这样做的好处是不言而喻的，原文的语言有时比我们自己组织的语言要简练、明确、生动。学会在文段中寻找有用信息，这也是阅读能力中最基本的能力。历史教师在课堂阅读教学中要遵循这一原则，即"求同存异"。求同是主要的，因为它体现了学生对文本中的共同规律的认识；存异是必要的，因为它突出了学生对文本的个性化理解。特别是对一些有争议的历史人物，历史教师要引导学生用发展的观点和一分为二的观点分析他们，努力使学生对他们的认识既全面又深刻。

3. 课后延伸

课后延伸就是课后指导延伸阅读方法。开设学法指导课指导阅读方法，学法指导课应注意介绍历史学科特点，介绍历史发展的纵向线索和社会横向面貌的基本内容，使学生对历史结构有初步认识，然后结合教学内容反复强化认识。学生阅读能力的提高有一个过程，而且是随着年龄的增长与知识的积累逐渐培养起来的。在课堂教学中应充分发挥教师的主导和学生的主体作用，教师做阅读示范，以教师的阅读视角带动学生的阅读视角。通过反复强调和不断实践，逐步引导学生掌握阅读方法。

例如，讲授新课内容时，应注重讲授教材中的单元、节课、子目的标题含意，讲清它们之间的联系。注意引导认识教材中史实与结论的关系，突出历史事件的背景、经过和影响等要素。指出阅读内容中的重点、难点与关键点，讲解阅读过程中学生不够明确的概念。带动学生由浅入深、由表及里地阅读课文。在掌握课文内容精髓的同时，开拓思路，进行较高层次的思维活动。这样，由于教师的反复示范，学生对历史学科特点的认识不断强化，阅读能力也就逐渐随之提高。

能力的形成都离不开其赖以存在的坚固基石——阅读能力。因此，要着眼新课程背景下高中历史学科，重视历史阅读，教学生学会阅读。通过阅读，学生才能在自主性学习中主动地获得更多的历史信息，形成自己的历史知识。

三、高三学段侧重综合运用

高三学段是高中的结束阶段，行思成长教学在这个阶段设置的主题侧重历史学科思维的综合运用。基本路径如下图（图3-1-4）：

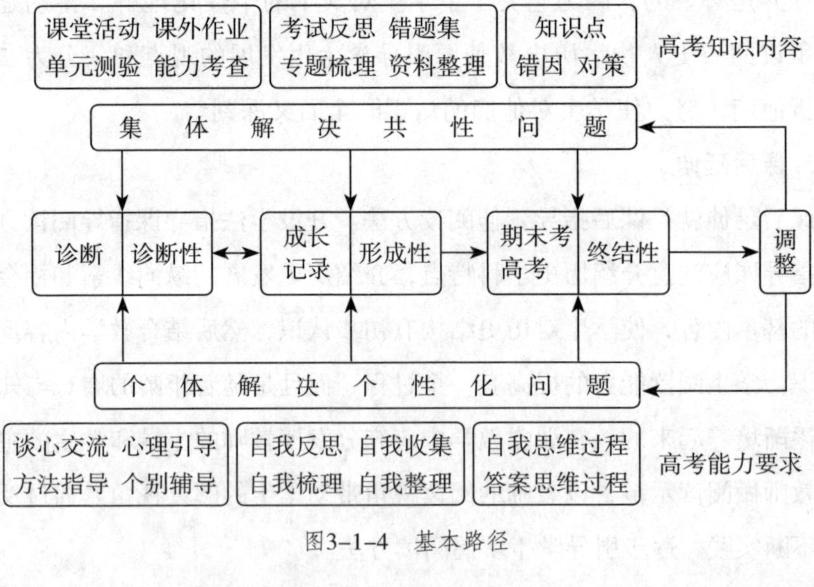

图3-1-4 基本路径

图中上部分是师生共同学习，集体解决共性问题，围绕着高考考查的四大能力获取和解读信息、调动和运用知识、描述和阐释事物、论证和探讨问题，展开一系列教学活动，如课堂教学、专题梳理、资料整理、测试反思、错因分析等。

上图中间部分主要是高三学段测试，要结合实际注重各种诊断。

1. 量化诊断

通过诊断性评价表，对特长生进行学科能力诊断，再制订相应的对策，有效解决问题。诊断性评价表主要根据高考需要制订，分为选择题诊断性评价表与非选择题诊断性评价表（表3-1-3、表3-1-4）：

表3-1-3 选择题诊断性评价表

姓名		学号			I卷成绩
有问题的题号	标准答案	自己答案	错误原因	对策	备注
①					
②					
③					
……					
①完全不会。②对历史史实掌握不准确。③对历史概念内涵、外延理解不深刻、不全面。④对历史结论理解不全面，没有抓住本质，弄清因果关系。⑤没能掌握历史阶段特征。⑥对历史发展过程、线索不清楚。⑦不会读题，抓不住出题者意图和限制词（关键词），以致错答、漏答。⑧其他原因					

表3-1-4 非选择题诊断性评价表

姓名			学号				II卷成绩
有问题的题号	原有分值	预测得分	实际得分	核心知识	自我思维过程（关键词）	答案思维过程（关键词）	备注
41							
42							
……							
收获体会							自己或与人交流
经验教训							自己或与人交流
教师建议							面向集体或个人

2. 表述诊断

面向集体，通过课堂活动、课外作业、单元测验、能力考查；面向个人，通过谈心交流、心理引导、方法指导、个别辅导进行表述诊断。例如，思雅同学情绪容易波动，忽视精读教材，经过几次测试打击，又变得情绪低落，无所适从。我们通过卷面分析、个别谈话，强调基础知识要扎实过关，分是一分分拿的，让她重拾拿高分的信心，心无旁骛，专心备考。林琳同学与家长高考志愿相左，十分苦闷。我们联系双方，强调最后冲刺阶段应该紧密配合，考场正常发挥才是正道，结果双方达成共识，她也能以平常心进入考场。这样诊断跟踪，相对要花大量的时间，可是对于解决心理问题却是最有效的。

3. 跟踪诊断

学生进入高三基本上都有较良好的学习习惯，可是思维也容易形成定式，并不能因为认识到问题存在就认为问题可以立刻解决，需要长期关注。这就要继续发挥成长记录袋的作用了。这个阶段主要表现为自主建袋。高三阶段学习任务重，只有觉得自己特别需要的安排，学生才会积极响应。成长记录内容经过裁剪使之符合自己的需要。例如，俊筠同学在反思方面做得比较好，坚持每次测试都有反思，在平时要注意整理、总结、记住并应用适合自己的优秀试题、优秀解法，随时记录，进行错题总结，包括题目、出错点及原因、标准答案、解决办法、出错日期，形成学习过程中不可缺少的一部分。而思雅、林琳同学更加关注错题集，进行量化归纳认识，每个阶段专题都有专门的总结。思雅同学甚至利用学到的认识论总结解决问题方法的产生过程。

图3-1-4中的下半部分主要是个体解决个性化问题，主要分为心理疏导和学习指导两方面。心理疏导主要是教师与学生谈心交流、心理引导，将学生导向正确的世界观、价值观和人生观，有积极向上的人生态度。格局有多大，天地就有多宽。方法指导一方面是学生自己反思、自己整理，呈现自我

思维过程，另一方面是学生学习能力的形成，离不开教师的精心指导。教师根据具体的教学内容对学生进行适当的学习方法指导，如历史知识的记忆方法、历史人物和历史事件的评价、历史经验和教训的总结与吸取、历史用语的记忆方法、历史概念的比较方法、历史规律的研究方法、教科书的阅读、解题答题的方法等。同时，还要注重拓宽历史课程的情感教育功能，在进行知识传授和能力培养的同时，充分发掘课程内容的思想情感教育内涵，潜移默化地对学生进行情感、态度与价值观方面的熏陶，使他们可以脱离别人的督促引导，成为由消极被动变为积极主动的学习者。这里要注意的是，教师的作用并不是把现成的答案告诉学生，而是让学生在学习过程中自己发现问题、解决问题，教师适时点拨。学生在发现、解决问题的过程中完成对自身知识的积极主动建构，以此来提高发现问题、解决问题的能力。由于学生认识事物的能力还不成熟，因此，要求学生质疑时要由浅入深，由具体到抽象，增强学生的自主学习能力。在这个过程中，教师所起到的作用应该是到位而不越位，参谋而不代谋，指导而不指令。这样，历史教师才能真正实现由传授者向促进者、管理者及引导者的转变。

第二节　行思成长教学的设计路径

行思型历史课堂操作的起点是课堂学习主题的确立。教师在教学中，要在准确把握课标的基础上，基于课程结构和内容特点，进行教学立意，明确学习主题，在理解和把握课程内容的基础上，依据"一课一中心"原则确立课程教学的核心目标。教学目标在课堂教学中起着统摄整个历史学习内容和过程的作用。

确立学生感兴趣的历史学习主题后，为了发挥历史情境在历史教学中的认知、体验和激活功能，教师必须充分利用各种形式的历史材料和生活素材，采用合理的形式进行教学布景，营造生动的历史情境，让学生在情境体验中感悟和思索，从而获得深刻的情感体验。

行思型历史课堂的核心是从"行思相促"到"思想生成"，基于课堂情境的生动性与深刻性，让学生在情境体验中审视历史、思考现实，在审视与思考过程中强化问题意识和丰富历史情感，为学生后面的历史学习和思维培养奠定积极的情感基调。基于学生在情境体验中产生的困惑与问题（也可以是教师根据学生的实际在备课中预设的问题），借助丰富的史料情境，引导学生在理解历史的基础上解读史料，发现、分析和交流历史问题，在探究中实现课堂情境体验与思维的深入交融，最后引导学生在内化、感悟和创新的基础上，有效地将自己获得的能力、习得的方法转变为以后行为和行动的思想状态。

行思成长教学建构的行思型课堂，实际上是一种行思交融的课堂。从方法与过程来看，行动与思维属于过程性的内容，要求教师在教学过程中借助相关材料与条件，主动设计和制造有利于学生学习历史所需要的环境，有效促进学生主动学习和积极思维。从目标达成来看，学生丰富情感和思想的习得必须依赖整个历史学习过程，是学生过程学习所追求的最终目标，而这种习得过程不是强制性的，是在课堂各个环节学习中潜移默化地习得的体验与感悟。将历史教学内容以问题形式提出，给学生一种方法上的引领，使学生在课堂上始终处于思考和解决问题的学习状态，学生通过解决问题发现其知识掌握与运用上的不足。下面以人教版《历史》必修一第11课《太平天国运动》为例。

首先，课前五分钟。能让学生分析的让学生自己分析，能让学生表述的让学生自己表述，能让学生动手的让学生自己动手，能让学生思考的让学生自己思考，能让学生自己得出结论的让学生自己推导得出结论。本课学生小组合作展示对教材内容的基本认识。学生基本可以凭借教材把太平天国运动的兴起、发展、失败的主线梳理清楚。

其次，师生共同解读。鼓励争论和质疑，注重课堂生成，敢于面对课堂的不可预知性，根据学情随时调整教学。

本课根据学生讲述设计一个问题：太平天国运动中，英国帮的是太平天国还是清朝？

学生觉得，朝廷和洋人，反正都是坏人，坏人帮坏人，也没什么奇怪的。

可是，太平天国持续的时间是1851—1864年，前后13年。而中英第二次鸦片战争，发生在1856—1860年，正好是太平天国持续期间。也就是说英国人和清朝打仗，可是在太平天国战场上居然帮了大清朝廷，至少没有帮太平天国。这是为什么呢？

我们从英国人的视角，看看他们为什么要这么做。

时空定位，画一下时间轴（图3-2-1）：

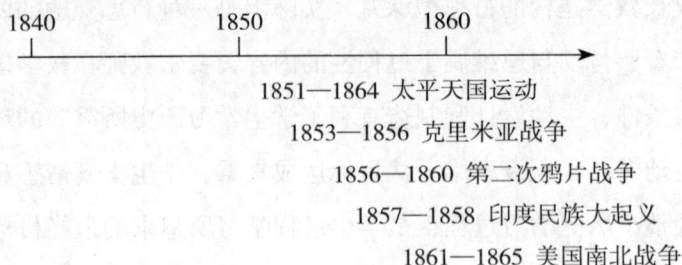

```
1840          1850          1860
 |------------|------------|----------------->
```
                1851—1864 太平天国运动
                1853—1856 克里米亚战争
                1856—1860 第二次鸦片战争
                1857—1858 印度民族大起义
                1861—1865 美国南北战争

图3-2-1　时间轴

太平天国运动发生在1851—1864年，而在1853—1856年，英法两国和俄国打了一场克里米亚战争。紧接着，1857—1858年印度爆发了印度民族大起义，随后1861—1865年，美国爆发了南北战争。我们通过时间梳理发现，太平天国战争、克里米亚战争、第二次鸦片战争、印度民族大起义、美国南北战争这五件大事，差不多同时摆在了当时的英国政府面前。可见，这段时间英国政府很忙，军队要连轴转。

我们来看看它们是怎么相互影响的。

第一，克里米亚战争。在欧洲历史上，英国和法国一直是世仇冤家。远的有英法百年战争，近的有七年战争。可是，后来怎么经常听说英法联军呢？火烧圆明园是英法联军，第一次、第二次世界大战也是英法同盟，这是为什么？他们什么时候和好的？和好的关键就是1853年的克里米亚战争。英国和法国第一次建立起了同盟的军事合作关系。所以，1856年克里米亚战争一结束，两国就又组成了英法联军和清朝打仗。后来冲进北京火烧圆明园的英法士兵很多都是参加了克里米亚战争的老兵。

第二，1857年的印度民族大起义。这次起义持续了两年多，席卷了印度六分之一的领土、十分之一的人口。起义虽然失败了，但是给英国人带来的震撼不小。1857年，中英已经处于第二次鸦片战争之中。英国从国内组建了一支一千多人的部队赶往中国参战。这支部队坐的船到达印度洋的时候，正好赶上印度民族大起义。在印度的英国人紧急求援，这支部队就停下来参与镇压起义。这支部队起的作用很大，幸好他们正好赶上，印度的局面才转危为安。中英之间的第二次鸦片战争也因此延迟了一两年。

这是对历史进程的一个很小的影响。更大的影响是，印度的这次起义彻底改变了英国在印度的统治方式。在此之前，英国殖民印度主要是靠东印度公司。东印度公司已经成了类似政府的组织，在印度，他们有军队，有政治管理机构。印度人这一起义，英国人意识到必须尊重印度人的宗教和习俗。所以，就解散了东印度公司，开始派驻官员、军队直接统治印度。这样做的结果是英国在印度的行政、军事费用急剧上升。英国的财政有些力不从心了。

和很多人想象的不一样，直接统治印度以后，英国统治阶层形成的共识是：没人想再有一个"印度"。统治印度带来的麻烦和成本已经很多，英国根本没有力量在印度之外，再去直接统治中国这样一个巨大的国家。英国的人力、财力都不足以承受这个负担。所以，英国并不希望看到清朝统治的崩溃。

第三，美国的南北战争。当时，美国和中国是英国的两大市场。英国所需棉花的四分之三来自美国，纺织品有一半在远东销售。同时，英国从中国购买的茶叶三分之二要在美国市场销售。棉花、纺织品、茶叶这三种最重要的大宗商品，把英国、美国、中国联结在一起，形成经济上密不可分的网络。

在南北战争中，英国明显偏向南部邦联，理由是：第一，英国纺织业的主要原料来自美国南方。第二，英国希望美国就此一分为二，降低对英国世界霸主地位的威胁。所以，1861年4月，南北战争爆发。5月，英国就承认了南方邦联的交战国地位。承认交战国地位就意味着英国不认为南部邦联是叛军。交战国可以从英国银行借款，可以从英国购买武器。也就是说，英国表面上中立，实际上是倾向于南方。但是，英国人很快就意识到自己错误估计形势，美国北方各州的反英情绪因此很高涨，英国人的生意大受影响。在英国人看来，发生在中国的太平天国战争就不能选错了，再选错了，中国这个大市场也要出问题。所以，英国人最终决定在中国选边站队，从暗中支持转为公开支持，甚至组建华尔的洋枪队、戈登的常胜军帮助清廷镇压太平天国。

学生学习过程中画时间轴是肢体动作，众多历史事件构成历史情境，找出历史事件之间的联系是思考，不仅在读事实本身，还把事实和别的事实之间的关系指出来，我们心目中的历史就是另外一个面目了。我们的认知也在解读历史的过程中得到成长。

最后，学生课后知识整理。第一，以问题为中心组建知识结构。第二，知识结构只要能做到内容完整、条理清晰和重点突出这三点，不强调统一模式。第三，对于学生的知识整理，教师应及时地认真批阅，并及时进行讲评，肯定其长处，同时也指出其不足之处。第四，鼓励学生提出有效问题，因为那是思维能力提高的表现。

通过以上课例可知，行思成长教学设计的起点在于教师对教学核心目标的准确定位，这也是行思成长教学成功的关键。而教学核心目标的定位基于对教学任务、学习内容和学习者特征的准确分析：教学任务分析主要表现为备课中教师对课标进行深入的剖析与理解，在理解的基础上把握课标对学生核心素养发展的具体要求。学习内容分析主要表现为：一是从整体和全局的角度把握历史课程的编写意图和目的要求；二是宏观分析和把握历史课程内容各单元的顺序排列与内容逻辑结构；三是微观分析本课在本章（单元）中的地位和作用，把握本课历史知识的背景、发展过程以及与社会生活之间的联系，同时，把握本课的重点、难点和学生混淆点、易错点，把握本课新知识和学生原有知识认知结构之间的内在关系。学习者特征分析主要表现为教师要了解和把握学生学习特点，重点是要把握学生现有的认知结构和心理特征，尊重学生的起点水平，包括认知水平和能力水平，关注学生的认知特征、情感特征、意志品质特征和行为特征。

　　教师在全面分析教学任务、学习内容和学生特征的基础上基于本课核心素养的培育任务，确立本课教学的核心目标，形成教学立意，在历史与现实之间寻找本课教学的突破口和切入点，以主题统摄整个课堂教学过程。基于教学主题，借助社会生活或历史案例设计历史问题，激发学生的历史兴趣和培养学生解决历史疑问的意识。然后通过相应的学习情境设计、学习资源设计、合作学习设计和管理帮助设计创造条件帮助和促进学生的课堂学习。教师在设计时必须把握几个关键点：其一，学习情境设计要与当前学习主题吻合，使学生有身临其境的感觉，以激发学生学习的动机，使学生把注意力集中到当前的学习主题上。学习情境促进学生主动建构知识意义的外部条件是外因，教师要把握教学内容、教学目标与创设情境的关系，做到有的放矢。其二，学习资源设计要尽可能丰富与鲜活。历史学习资源是指在历史教学活动中教师的教和学生的学所需要和运用的各种自然物质，学习资源设计要求教师开阔视野，善于把乡土生活、历史等各种形态的资源运用到教学中，丰富教学内容，创造鲜活的材料与问题情境，激发学生的学习意识。其三，合作学习的设计要避免形式化，尤其是要把握好自主学习与合作学习的关系，做到以自主为前提，以合作作为思维延伸。其四，管理帮助设计要在强调学生主体地位的同时，突出教师在各个环节的引导作用，做到教师主导和学生主体的协调发展。行思成长教学就是这样以问题切入为教学突破口，借助生动的历史情境，让学生在体验中感悟通过丰富的历史材料营造思维场，引导学生的问题探究思维能力，提升学生的历史认识，助推学生成长。

第三节　行思成长教学的实施原则

一、行动中思考

1. 构建真实情境培养学生的历史观察能力

历史观察能力是学生学习历史的基础能力，主要包括对历史材料（文献、图片、图表、实物、遗址、遗迹、影像、口述以及历史文学作品等）的阅读和观察。真实情境是反映历史上真人真事的情境，历史教师应当选择真实可靠并且多样化的历史材料运用多样化的教学手段将其情境化，以培养学生的历史观察能力，使学生学会对历史史料的鉴别与运用。例如，通过讲课、开设历史专题讲座等方式，在收集、整理、提取史料的实际体验中学生的激发学生的极强的求知欲。

2. 创设历史情境锻炼学生的交流表达能力

交流表达能力是学生学习历史应当掌握的重要能力之一，主要包括口头交流表达和书面交流表达两种形式。历史情境的素材源于真实的历史，历史教师可以选择历史上重要事件的片段或历史人物的资料，鼓励学生利用情境化的手段进行历史再现，课堂上教师创设机会让学生用语言表述结果，如专题演示、个人思路、心得体会、讨论交流等，以锻炼学生的交流表达能力，学生在课堂上由被动地学习变为主动地学习。有学生在反思中写道"一个不错的方法，就是把自己学到的东西说给别人听，当别人真正听明白，那东西你才真正掌握了"。可见交流是思维的积极碰撞，共享是双赢的保证。

3. 在应用情境中发展学生的历史解释能力

历史解释[①]是指以史料为依据，以历史理解为基础，对历史事物进行理性分析和客观评判的态度、能力与方法。所有历史叙述在本质上都是对历史的解释，区别只是在于解释的正误、深浅。人们通过多种不同的方式描述和解释过去，通过对史料的搜集、整理和辨析，辩证、客观地理解历史事物，不仅要将其描述出来，还要揭示其表象背后的深层因果关系，通过对历史的解释不断接近历史真实。历史教学中培养学生的历史解释能力的关键在于尽可能地还原历史，促使学生尽可能地"神入"历史。历史应用情境以任务为驱动，关注的是历史情境的应用价值，因此历史教师应当在通过情境还原历史的基础之上设置合理的任务，促使学生在历史情境中发展历史理解能力。

4. 在问题情境中开发学生的创造性思维能力

创造性思维是指有突破、有创新、有开拓的思维活动。创造性思维能力有多种表现形式，其本质是发现问题和解决问题的能力。问题情境以问题为核心，创设情境的目的在于提出问题以激发学生自觉探究。在历史教学中，历史教师应当尊重学生的主体地位，营造良好的问题情境氛围，鼓励学生自主发现问题和解决问题。

二、思考中动情

1. 思考中激发学生的民族感

"民族"一词有两层含义，广义上的民族是指历史上形成的、处于不同社会发展阶段的各种人的共同体。狭义上的民族特指具有共同语言、共同地域、共同经济生活以及表现于共同文化上的共同心理素质的人的共同体。

---

① 邓京力.历史理解与历史解释辨析［J］.历史教学（上半月刊），2016（6）：3-8.

中学历史教学中的民族感基于广义上的民族，包括了对中华民族共同体的集体认同感、荣誉感以及历史责任感等。中华民族有着十分悠久的历史，古往今来有众多杰出的历史人物，如屈原、司马迁、文天祥、孙中山、闻一多等，受其浩然正气的感染，学生就较好地与历史人物进行了心灵沟通，走进了历史的精神和文化氛围之中，真实地触摸历史的思想和生命，全身心地接受历史人物灵魂的熏陶，认识到有他们的奋斗与奉献，中华民族才能一路历经风雨而屹立于世界民族之林。中学历史课程的学习是学生了解民族发展历程的主要途径，是培养中学生民族感的主阵地，历史教师应充分利用好这一平台。创设历史情境是激发学生民族感的重要手段之一，因此，历史教师应当：①充分发掘教学内容中的民族历史素材，如中华民族的伟大发明与创造，中华民族历史上爱国人士的英勇事迹，中华民族历史上普通人物的奋斗与生活，等等；②运用多种手段将民族历史的素材情境化，如展示中华民族文明成果的实物或图像，讲述历史上爱国人士的有趣故事，播放反映真实历史的电影或纪录片，体验历史上人物的抉择与奋斗，等等。

2. 思考中唤醒学生的道德感

道德是指人们共同生活及行为的准则和规范，而道德感是指一个人对自己或他人的动机、言行是否符合社会一定的道德行为准则而产生的一种内心体验。中学历史教学中蕴含的道德感包括有历史的正义感、对历史人物的理解、对历史史实的尊重等。道德感是培养合格公民、创建和谐社会的必要条件之一。历史学科包容万象，其间蕴含了丰富的道德教育元素，历史教师要学会做出正确的引导。历史情境追求对真实历史的体验与理解，是唤醒学生道德感的重要途径。因此，历史教师应当：①坚持正确的价值导向，坚守历史的正义，尊重历史史实，对历史怀有温情与敬意；②对学生的道德感教育要以引导学生主动体验、接受为主，避免空洞的说教。

3. 思考中强化学生的理智感

理智是指辨别是非、利害关系以及控制自己行为的能力，理智感是人在智力活动过程中，认识和评价事物时所产生的情感体验。中学历史教学中的理智感主要包括对民主、法制、科学的崇尚，对自由、平等、公正的维护，坚持进步主义，坚持理性精神，等等。理智感是人类社会历史经验的总结与升华，是推动社会进步的重要力量，理应得到历史教师的重视。历史情境的创设以真实的历史史实为基础，对历史史实的全面掌握可以训练学生的理智感，作为历史教师应当：①真实、客观地还原历史史实，厘清历史发展的前因后果；②运用历史唯物主义和辩证唯物主义的基本观点对历史事件进行考察分析和总结历史的经验与教训；③选择适当的材料创设历史情境，将是与非、美与丑、善与恶的人物或事件进行对比，制造学生的认知冲突，引导学生主动做出选择与判断，提倡追求真、善、美，反对假、恶、丑。

三、思考中成长

行思成长教学关注历史课堂上学生的情感体验与思维能力的发展，其本质追求是学生的情意养成与智力发展，为学生终身成长奠基。这与培养学生的历史学科核心素养不谋而合。

1.“行思历史”与唯物史观

在历史学习中，不仅要记住所学的历史知识，而且要在记忆的基础上形成对历史现象、历史规律和考察历史的理论方法的基本内容的概括性、本质性、特征性认识，将对历史表象的感性认识上升为理性认识，将已有的结论性的理性认识转化为自己的理性认识，并能掌握历史现象之间的因果关系、比较关系的联系性，达到能够运用理解的知识观点分析解决历史实际问题的目的。唯物史观即历史唯物主义，是揭示人类社会历史客观基础及发展规律的科学历史观和方法论。其主要观点包括社会存在决定社会意识，社会意识反作用于社会存在，生产力决定生产关系，经济基础决定上层建筑，人民群众是历史的创造者，等等。唯物史观是学生学习历史过程中应当坚持的基本原则。基本历史理论和基本历史分析方法是在历史唯物主义和辩证唯物主义指导下分析历史现象的基本理论和方法，虽然没有作为一个独立存在的历史教学内容，但贯穿整个历史教学过程之中和对具体历史现象的分析评价之中，需要作为一个重要内容加以理解。"行思历史"中不管是教师的情境创设还是学生的动手体验或思维训练，都应该始终坚持唯物史观的指导。

2. "行思历史"与时空观念

时空观念是指对事物与特定时间及空间的联系进行观察、分析的观念。"行思历史"重视历史情境的创设，而历史情境又以真实的历史为根基，因此，"行思历史"的实践一方面需要准确把握历史的时空观念，了解历史进程的时间顺序和分期方式，能够运用各种时间术语描述过去，传递正确的历史信息；另一方面也需要通过情境增强学生对时空观念的掌握能力，知道重要事实发生的地理状况，能够识别和运用历史地图，能够于历史的时空条件下对事实进行考察和评述。

3. "行思历史"与史料实证

历史是不可逆的，认识历史只能通过现存的史料。史料是进行历史思维的基本素材和对象，历史学的研究主要就是依据历史资料进行的，离开了这些基本的历史资料，历史知识就成了无源之水、无本之木。史料实证是指对获取的史料进行辨析，并运用可信的史料努力重现真实历史的态度与方法。因此，必须重视史料的收集整理和辨析，去伪存真、去粗取精，这是历史学的重要方法。"行思历史"以丰富的史料为情境创设的基本素材，以求真的态度和方法处理史料与情境的关系，形成对历史的正确客观的认识，这种教学行为本身就为学生的史料实证素养的培养提供了示范。

4. "行思历史"与历史解释

历史解释是指以史料为依据，对历史事物进行理性分析和客观评判的能力。历史是过去的历史，具有不可重复性和不可实验性，所有的历史叙述在本质上是一种对过去事情的解释，区别只是在于解释的正误、深浅。人们通过多种不同的方法描述和解释过去，通过对史料的收集、整理和辨析，辩证客观地理解历史事物，不仅要将其描述出来，还要揭示其表象背后的深层因果关系，通过对历史的解释以不断接近历史真实。培养和发展学生对历史的解释能力，就是要帮助学生在历史情境和当代背景下，思考历史事件、历史人物和历史现象的重要性；了解历史叙事与历史解释之间的关系；以公正的角度去理解历史叙述中不同的历史解释，以辩证的眼光去评析历史事件、历史人物和历史现象之间的因果关系；以客观的态度去评判人类社会的历史与现实问题，进一步揭示历史解释的意义和价值，从而培养学生叙述历史和形成历史认识的能力。"历史解释"建立在"时空观念""史料实证"和"历史理解"等核心素养基础之上，同时为形成正确的"历史价值观"这一核心素养创造条件。因此，它能综合体现学生的历史学科素养。"行思历史"关注学生在学习过程中的思维能力发展，主张将历史课程知识问题化，将历史问题情境化，在层层推进的问题的引导下，培养学生的历史思维能力。

5."行思历史"与家国情怀

家国情怀是学习和探究历史应具有的社会责任与人文追求。学习和探究历史应具有价值关怀，要充满人文情怀并关注现实问题，以服务于国家强盛、民族自强和人类社会的进步为使命。历史作为一门人文学科，课程内容中有着非常丰富的情感因子，对于学生健康心理与健全情感的培育，历史教学有着自身的优势。"行思历史"重视学生的情感体验与情意养成，这也是培养学生家国情怀的重要手段之一。"行思历史"课堂追求课堂育人功能最大化，就是要把情感教育作为贯穿历史教学的一条暗线，以丰富的历史情境营造富有思想感染力的历史场景，让学生在深刻的历史体验中酝酿历史情感，在情境场中深受积极情绪的浸染，最终获得健康向上的学科素养。

建构主义认为学习是一种主动、积极而不断建构的活动，知识不是通过教师传授得到的，而是学生在一定的情境下，借助同伴的帮助而实现的意义建构过程。在师生关系上，强调学生的主体性和教师的指导作用，认为教师不再是知识的传授者，而是学生学习活动的组织者、参与者和指导者。行思成长教学模式以培养学生的兴趣、调动学生的积极性和创造性为出发点，引导学生形成自主学习、积极思维、合作探究、自主发展的习惯，发挥学生在教学中的主观能动性，让学生自觉地参与到学习的过程中，并在教师的指导下，进行自主建构，从而提高学生的自主学习能力。

行思成长教学实践

第四章

第一节　山长水阔知何处——使用地图

历史地图作为一种重要的历史教学资源，在新课程理念下的历史课堂教学中发挥了越来越重要的作用。历史地图是历史直观教学的重要组成部分，是历史课堂教学的一种重要资源，是人们认识与重视历史的一种重要载体。对于历史地图的重要性，我国古代学者郑樵就提出"古之学者，为学有要，置图于左，置书于右，索象于图，索理于书"的治史方法。相对于文字材料而言，历史地图以其形象、直观、简明、生动的特点，在时空上更能体现历史不断发展、不断演变的重要进程，历史地图不仅具有知识的传播功能，而且具备提高学生学习兴趣，培养学生观察、思考、综合分析等方面能力的功效。行思成长教学强调在行动中思考，历史教学离不开地图，学会使用地图至关重要。要使用好地图，教师是主导，这要求教师必须有读图、识图、解析地图的能力，更要有时刻培养学生动手能力的意识。

历史地图是通过现代地图学的特点将时间、空间加以综合的产物，它将在一定程度上将政治、经济、文化等各种繁杂的社会现象做出动态的轮廓的反映，具有空间感、直观性、生动性的特点。

历史地图常见的有疆域政区图（农村革命根据地、抗日根据地分布图也可归入这一类）、经济中心（手工业中心、城市）分布图、交通路线图、战争形势示意图等。前三种地图学生在地理课上经常接触，看图时可结合地理学科的相关知识和读图方法，但要注意历史学科的特色——时间性，即社会政治、经济发展的演变在地图上的反映，这就需要我们对不同时期的同类地图进行比较。

例如，人教版教材《历史》必修一第1课《夏商周的政治制度》关于西周分封制示意图，提取地图有效信息有：第一步读懂地图的标题"西周分封示意图"，说明时空定位是关于中国古代西周分封制的内容；第二步读懂图例，说明图中具体涉及的内容；第三步观察图中所标示的海洋、河流、山脉等地形；第四步观察图中的特殊符号说明，如图中标识封邦建国用方框；第五步读图中的文字，理解图片所反映的教材内容。例如，分封的对象：同姓和异姓（同姓包括王族；异姓包括功臣和先代贵族）；从封国的位置可知分封的区域：是王畿之外的土地，并从中可以理解分封的作用：拱卫王室和开发边疆。最后结合教材巩固理解西周分封制的内容、特点和历史意义，完成课标要求。

当然，有些地图还要运用地图中的比例尺，观察本地区的地图在世界地图中的位置，对照图中指南针图标确认方向，观察图中的经线、纬线及经度、纬度，确认图中各种政治势力的范围，等等。

例如，人教版《历史》必修二《新航路的开辟》教学中，就充分调用了对地图的解读能力。下面是根据行思成长教学理念进行的教学设计。

附：

根据行思成长教学理念进行的教学设计

【教学目标】

1. 知识与能力

（1）识记新航路开辟历史事件，如寻金热，哥伦布发现美洲，迪亚士、达伽马、麦哲伦的航海冒险。

（2）理解新航路开辟的原因与条件，认识到"商业革命"促进西欧封建制度解体和资本主义发展。

（3）认识到地理大发现的历史必然性，学会辩证地认识、评价历史人物，正确认识西方的航海冒险。

（4）正确认识地理大发现使得世界越来越紧密地联系成一个整体。

2. 方法过程

（1）利用角色扮演与问题探究，学生扮演航海船队，通过对航海问题的探究解决，让学生充分理解新航路开辟的一系列条件，并且充分感知航海路线与新航路开辟的过程。

（2）利用表格归类、地图动态演示等直观教学方式引导学生总结新航路开辟的过程与影响。

（3）课堂上注重课堂讨论，采取小组讨论或是辩论的方式辩证归纳新航路的进步性与消极影响。

3. 情感、态度、价值观

（1）学生感受和学习探险家勇于进取的开拓精神。

（2）认识到新航路的开辟是由于资本主义萌芽产生各种综合因素共同作用的结果，认识到历史发展的必然性。

（3）学生认识到新航路的开辟是历史的进步，促进了人类文明的发展，但也要认识到其带来的资本主义殖民扩张的消极影响。

【**教学重难点**】

（1）重点：新航路开辟的背景和影响。

（2）难点：辩证分析新航路开辟的影响。

【**教学过程**】

1. 新课导入

问题：观看马克坦岛两座纪念碑的图片，问为什么同一件事有不同的评价？

预设解读：在当年发生战斗的菲律宾马克坦岛有两座纪念碑，一座是麦哲伦纪念碑，建于1866年；一座是拉普拉普纪念碑，建于1933年。后来当地又建了一个双面碑亭专门纪念这两位历史人物。双面碑的正面刻有这样的文字："1521年4月27日，费尔南多·麦哲伦死于此地。他在与马克坦岛酋长拉普拉普的战士们交战中受伤身亡。麦哲伦船队的一艘船——维多利亚号，在埃尔卡诺的指挥下，于1521年5月1日升帆驶离宿务港，并于1522年9月6日返抵西班牙港口停泊，第一次环球航海就这样完成了。"碑的背面，则刻着另一段文字："1521年4月27日，拉普拉普和他的战士们，在这里打退了西班牙入侵者，杀死了他们的首领——费尔南多·麦哲伦。由此，拉普拉普成为击退欧洲人侵略的第一位菲律宾人。"

（设计意图：①根据建构主义教学理论，通过认知冲突，再造历史情境，提供史实表象，帮助学生走近历史、感受历史；②在课堂教学中导入新课时设置悬念，烘托气氛，培养学史兴趣，激发起学生探求知识的欲望）。

2. 新航路开辟背景（重点）

合作探究一：一封自荐信

总结：内容略。

原因：

（1）经济根源：15世纪后西欧各国的商品经济的发展以及资本主义萌芽的出现。

（2）社会根源：西欧对黄金的需求，《马可波罗行纪》在欧洲流传引发"寻金热"。

（3）直接原因：商业危机，奥斯曼土耳其控制了东西方商路，威尼斯人垄断欧亚贸易。

（4）宗教原因：传播基督教的需要。

条件：

（1）生产力的发展。

（2）知识的进步和科学技术的支持（指南针、火炮、多桅帆船、地圆说等）。

（3）王室的支持。

（设计意图：①创设情境，将抽象的历史模块教学深入浅出地传授给学生；②通过角色扮演使学生充分参与历史课堂，并站在历史人物的角度分析思考得出正确的知识信息。）

3. 新航路开辟

经过（识记）：

请四个小组分别代表四个船队，讲述他们的航海历程及其中的艰险。看哪个队讲得最好。

（设计意图：①角色扮演帮助学生更快、更有效地记忆新航路开辟的过程，在直观的动态演示中构建自己的认知体系；②通过历史故事让学生学习航海家的精神，进行情感渗透，拉近历史与现实的距离，确立积极进取的人生态度。）

4. 新航路开辟影响（重、难点）

合作探究二：看视频《大国崛起》了解西葡的殖民扩张。

（设计意图：①运用了影视材料，旨在丰富课堂内容，激发学生兴趣。②通过角色扮演、正反双方的辩论，培养学生辩证地看待历史事件和历史人物的能力。）

合作探究三：对比郑和下西洋与哥伦布等远航的结果与意义，你会怎样评价他们？

（设计意图：通过问题探究，在历史比较中找到差距总结经验教训，进而深化对当前国家方针政策的理解，实现历史与现实的统一。）

教学过程中，可以通过地图的比较，纵横拓展相关的知识。第一，从区域性的海上航线延伸为全球性的海上航线。古代海上商贸之路基本上集中在亚非地区；新航路开辟后，海上商贸之路延伸为全球性的交通网络。第二，从以中国为主导到以欧洲主导。明中叶以前，中国国力强大，一直掌握着海上商贸之路的主导权；随着新航路的开辟，以欧洲为中心的世界市场逐渐形成，西欧各国逐渐掌握了海上商贸之路的主导权。第三，从和平之路逐渐演变为扩张掠夺之路。中国古代海上丝绸之路促进了中国与亚非国家的经济文化交流，一直是友好交往的和平之路；自新航路开辟以来，伴随着欧洲人的是劫掠、征服、殖民。第四，由奢侈品的交换到各种物质与文化在全球范围内的传播。古代海上商贸之路交换的主要是奇珍异兽及丝绸、瓷器、香料等奢侈品；在新航路开辟以后，各种商品、文化、物种通过海上商贸之路而在全球范围内交换、传播、繁衍。第五，由贡赐贸易转化为商品贸易。古代中国海上商贸之路以贡赐贸易为主，不重视利润；新航路开辟后，以欧洲为主的商品贸易重在追求利润的最大化。

教学过程中让学生多解读地图，学生对地图册有了新的认识，也学会了更好、更有效地使用地图。学生在研究性学习成果中写道：历史地图与抽象、枯燥的文字叙述比起来，具有形象、直观的特点，正所谓"即书而求难""即图而求易"。学生纷纷表示，在今后的学习过程中，会更多地运用历史地图来加强对所学历史知识的理解和掌握，提高他们原本薄弱的历史基础，以求事半功倍。这既是完成历史学习任务的需要，也可以提高历史学科素养。

第二节　星垂平野阔——使用历史图表

历史是已经成为过去的经历，不可能以本来面目直接呈现在我们面前，学生希望反映的是活的历史，但却不能看到活的历史本身，这就需要教师借助各种教学手段，使学生感知历史，达到科学地再造想象目的，而教材中的图表即达到这一目的的最简单手段，教师可以充分利用，配合语言文字，使学生更容易感知历史、再造想象、加深理解。

《普通高中历史课程标准（实验）解读》要求学生掌握的技能之一就是："阅读历史材料的技能（包括阅读文字材料和解读图表材料），能分清史实与史论、有效信息与无效信息，解读图表材料（包括历史图画、历史地图和统计表格），要能从中发现有助于对历史理解的信息、分析或概括某一历史事件或历史现象的特点和规律等。"

心理学通过具体的实验证实：一般而言，人类要表达清楚一个信息，通过语言描述需要28秒，通过线条描绘需要15秒，通过图表需要9~12秒，通过实物需要7秒。①

行思成长教学中的"行"就是着眼于实践，而历史学习过程中离不开读图，读图是历史学习绕不过去的实践。历史图表表现形式多种多样，有柱状

---

① 祝旭东. 由一张历史图片教学所想到的［J］. 历史教学（中学版），2008（2）：58-59.

图、坐标图、数字表格等，但不论何种类型，都是通过数字或数字的变化来反映历史史实和历史现象。理解曲线背后有历史，轨迹历来有原因，要从曲线所表明的轨迹与状况背后寻找历史原因，从而做准确的判断；要善于从表格中总结出数据的基本趋势（升或降），思考这种趋势背后的历史原因，结合课本知识进行分析、判断，得出结论。

一、观察历史图表

观察是解读历史图表的第一步。教师引导学生观察"图中有什么"，从表面信息入手，结合所学知识，进而一步步挖掘和释读图表中的历史信息。观察内容应该包括：①图片的题目是什么？②你看到了什么内容，人或事物？如果有人物，他们的衣着打扮、面部表情如何？如是事物，属于哪种类型？存在于哪个时间？等等。③联系所学知识，获知图表的时代背景、内容和历史价值。④获得历史图表中的有效信息。

二、叙述历史图表

叙述历史图表的能力包括简明地表述历史梗概，形象地、有感情地表述历史情节，有逻辑地、有论据地表述观点，清晰地提出问题和回答问题，等等。

1. 观图问史

学生可围绕图表所反映的历史表象、本质特征或事件发生的时间、历史背景、影响等因素，以"是什么""为什么""怎么做"等方式提出自己的问题。

2. 观图叙史

学生可在教师的引导下讲述历史事件的概况或前因后果，梳理历史发展进程及历史客观规律。课堂上，笔者让学生简要概述图中所反映的历史事件，不但促使学生对历史事件的背景、经过、影响有了更深刻的理解，而且也提升了学生的记忆能力、想象能力和语言表达能力。

3. 观图演史

就是采用角色扮演来再现图中历史，变教师的平淡讲述为师生互动。具体的方式可以通过"假如我是……我心里会怎么想（或打算怎么做等）""假如我处于当时的情势下，我会怎么办"；也可以采用历史剧形式再现当时的历史情景。

三、解析历史图表

解析历史图表主要是对图表的分析、比较、概括，进一步深层次地解读图表，建立相关联系，帮助学生形成完整认识，进而提高学生历史图表解读的能力。

1. 分析

分析就是将历史图表中的各要素进行分解，让学生更加深刻地全面了解历史事件的背景。

2. 比较

通过图表比较可以找出变化的历史信息，认识历史演进的过程。

3. 概括

在充分提取历史图表表面信息的同时，运用讨论、辩论等方式，引导学生结合时代背景对历史图片进行综合概括，进一步认识历史现象的本质和规律。

例如，阅读下列材料（表4-2-1）：

表4-2-1　1913—1925年俄国/苏俄/苏联的农业生产情况

项目　　年份	1913年	1920年	1925年
农业总产值（%）	100	67	112
粮食（万吨）	7.650	4.519	94.7
牛（万头）	6.060	5.250	102.5
猪（万头）	2.090	1.750	104.3

第一步，读懂图表的标题。这个表格的标题是"1913—1925年俄国/苏俄/苏联的农业生产情况"。标题就表明这组数据是说明这个时段国家在农业生产方面的变化情况，通过数据可以看出当时的国家状况。

第二步，了解图表的说明。横向看年份分别是1913年、1920年和1925年，纵向看项目分别有农业总产值、粮食、牛和猪的数量。

第三步，确认图表中数据的含义。农业生产在1913年至1920年呈下降趋势，下降最快的是粮食生产，下降了近一半，下降最慢的是猪产量；到1925年基本恢复到第一次世界大战前水平，粮食生产只恢复到第一次世界大战前的94.7%，畜牧业恢复得最快。

第四步，解释图表。结合所学知识思考导致农业生产在1913年至1920年呈大幅度下降趋势的主要因素有：①四年世界大战和三年国内战争；②苏俄遭遇大旱灾；③战时共产主义政策挫伤了农民生产积极性；到1925年农业生产能基本恢复到第一次世界大战前水平的主要原因是1921年苏俄实行了新经济政策。

看历史图表既要看历史图表的标题，也要看比较项、数据的增减；既要看大字，也要注意小字和出处等；既要从中看出显性的历史知识，也要依据显性的历史知识，从中挖掘隐性的历史信息。另外，还要让学生学习依据数据的增减判断相关历史。总之，在历史教学中恰当运用历史图表，能够培养学生的获取信息能力，从而使学生更好地理解和掌握历史知识。

其余的图表都可以这样来解读，获取有效信息。如图（图4-2-1）：

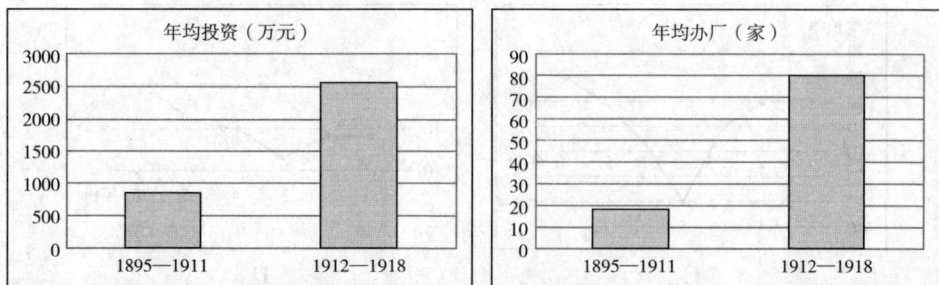

图4-2-1　清末民初中国民族资本主义的发展

第一步，看标题。知道是反映明末清初中国民族资本主义发展的历史。

第二步，了解图表的说明。横向看是时间，纵向看是年均投资和年均办厂数量。

第三步，确认图表数据含义。第一张历史图表年均投资额1912—1918年间比1895—1911年间呈现较快增长趋势，第二张历史图表年均办厂数1912—1918年间比1895—1911年间也呈现较快增长趋势。

第四步，解释图表。结合所学知识思考，可概括指出民国初年，中国民族资本主义有了进一步的发展的结论。进一步深究其中原因，可以结合当时国内外背景解释其中原因：辛亥革命的促进作用；抵制日货、提倡国货运动的促进作用；实业救国思潮的推动；一战期间，欧洲列强暂时放松对华的经济侵略。

下列四幅历史曲线图，它们分别反映了我国1953—1958年、1959—1964年、1970—1975年、1979—1984年四个时期国内生产总值（GDP）增长率的变化（图4-2-2）。

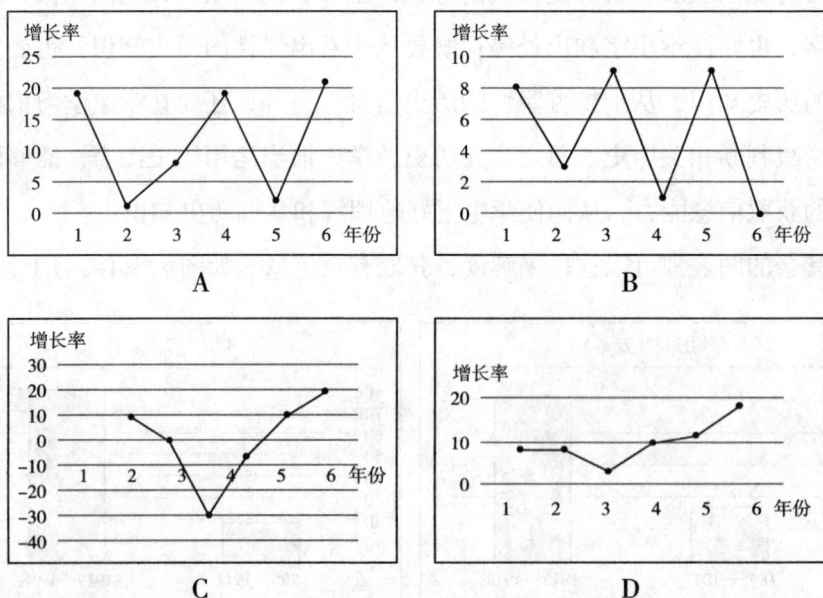

图4-2-2　历史曲线图

同样根据四步解读图表，可以看出A项为1970—1975年，国民经济遭受严重打击，但通过整顿，国民经济呈现复苏和迅速回升的状况。B选项为1953—1958年，国内生产总值呈现曲折发展的态势，1958年，国民经济遭受沉重打击，呈现下降趋势。C项为1959—1964年，1959—1961年为三年经济困难时期，国内生产总值总体呈现下降态势，但1960年当时党中央提出"调整、巩固、充实、提高"的国民经济调整方针，国民经济重新出现回暖的趋势。D项为1979—1984年，以经济建设为中心，实行改革开放。

饼状图强调的是比例变化，解读步骤也是一样的。如下图：英国各行业就业人数占总就业人数比例（图4-2-3）。

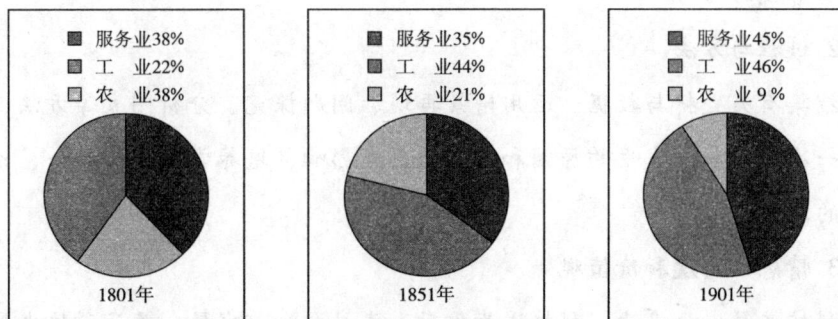

图4-2-3　英国各行业就业人数占总就业人数比例（%）
数据来源：【英】迪恩和科尔《英国经济的增长》

对饼状图表进行比较分析，发现英国在不同历史时期各行业就业人数占总就业人数比例的数据变化，农业就业人数不断下降，工业、服务业就业人数不断增加。其中增加较快的是工业领域，根本原因在于工业革命的开展。

坐标轴图、柱状图、饼形图是表格的变化，比表格要直观，读图难度也相对较低。坐标轴图重点看曲线大的走向和上下波动的幅度、频率。

行思成长教学中，任何一个片段的教学都应抓住提升学生获取和解读信息、调动和运用知识、描述和阐述事物、论证和探讨问题等能力这一要务，这就需要在备课中对图表教学所需的各种资料进行收集、选择、整理，问题的设置要体现出我们常用的"是什么""为什么""怎么样"的层次性。图表教学带有片段教学的性质，它同样需要精心设计。

附：

教学示例：《第一次工业革命》

【教学目标】

1. 知识与能力

识记：第一次工业革命的主要成就。

理解：工业革命的发生和发展的历程和对世界的影响，认识它是推动世界市场形成的动力。

2. 过程与方法

搜集有关史料与数据，运用情景再现、问题探究、分析图表等方法，认识第一次工业革命发生的原因和产生的巨大影响，培养学生史论结合、论从史出的能力。

3. 情感、态度和价值观

科技是第一生产力，科技进步推动人类社会向前发展，关注科技发展的方向，培养崇尚科学、不断创新的精神。

科技没有国界，科技成果是人类对自然认识改造经验积累的结果，而现实世界中科技竞争十分激烈，树立重视科技发展的观念，为人类的可持续发展做出贡献。

认识第一次工业革命是推动世界市场形成的最重要因素，并逐步形成人类社会发展和历史进步的必然性以及文明演进与付出代价共存的价值判断标准。

【教学重难点】

历史课程标准：了解第一次工业革命的基本史实，探讨其对资本主义世界市场发展的影响。

（1）重点：英国工业革命的条件、成就、影响，世界市场的基本形成。

（2）难点：第一次工业革命对世界的影响，认识它是推动世界市场形成的动力。

【教学过程】

1. **导入新课**

问：大家看这则材料，区分两个"革命"有何不同？

恩格斯说："当革命风暴横扫法国时，英国正在进行一场比较平静的但是威力并不因此减弱的变革。蒸汽和新的工具把工场手工业变成了现代大工业，从而把资产阶级社会的整个基础革命化了。"

答：第一个"革命"指的是推翻政府，夺取政权。第二个"革命"是生产方式（生产关系）变革。

（设计意图：从分析概念入手，激起求知兴趣。）

2. **推进新课**

（1）概念解析：学生根据已有知识与预习情况尝试定义第一次工业革命，再出示概念，并强调工业革命是为了资本主义发展这一重要原因，从而帮助学生理解并记忆工业革命首先发生在英国的原因这一知识点，提高教学效果。

（2）出示解释工业革命的学术研究现状，补充珍妮机的发明和文字材料，提出问题1，工业革命首先发生在英国不只是发明家一时的灵感，而是有深刻的社会原因。请学生展示自己的答案，其他同学补充。最后教师总结，强调市场这一根本动力。

（3）让学生继续展示工业革命的成果，并把它作为材料进行解读分析，按照动力划分阶段，使其认识到瓦特改良蒸汽机在工业革命进程中的重要性。

中学语文课本中有关于瓦特与蒸汽机的关系，但课本是有错误的，设计语文课本中的谎言，让学生明白课本并不总是正确的，要有质疑的精神。

瓦特改良蒸汽机的研究多次被迫中断，而最后能够成功，源于当时成熟的商业合作。引入瓦特背后三个男人的故事，既激发学生的兴趣，又让学生明白，发明创造不是只靠简单的灵感就可以成功的，为学生树立正确的人生观和价值观。

（4）工业革命给人类带来了什么？文学作品虽然有虚构性，但还是可以在一定程度上反映历史的真实。英国文学家狄更斯在19世纪50年代创作的《双城记》中有关于工业革命后的状况的描述，引用较有诗意的译文，让学生体会工业革命的双重影响，据此结合课本内容和之前所学完善问题3的答案。学生的学习不是单纯的记忆结论性知识，高考考查的是从材料中最大限度地获取有效信息，能够对信息进行完整、准确、合理地解读。因此要关注学生学习过程，提醒学生关注课本中除正文外的图表资料与"历史纵横""资料回放"等文字资料，尝试与正文部分结合。让学生在展示答案时，说出每一条结论得出的过程，培养论从史出的学科思维，并提醒学生关注工业革命对社会生活和世界市场的影响。让学生在整理的答案当中分辨出对社会生活的影响，理解工业革命后为什么会形成资本主义世界市场，从而理解本课与单元知识的关系。

（5）学生根据本课所学，列出知识框架，并说明理由。

3. 本课小结和作业布置

（1）小结：市场的需求导致了第一次工业革命的产生。第一次工业革命使人类进入了蒸汽时代，摆脱了自然条件的限制。工场成为工业生产的主要组织形式。工业革命产生了工业资产阶级和工业无产阶级两大对立阶级。资产阶级有强大的经济和军事实力，到19世纪后期，以欧美资本主义国家为主导的世界市场基本形成，客观上在亚非拉地区也传播了先进的思想和生产方式。

（2）作业布置：探究中国的工业革命。

（设计意图：从英国的工业革命延伸至中国，让学生课下研究中国的工业革命，既是为接下来第三、四单元中国近现代经济史的学习奠定基础，也是将历史学科核心素养之一——家国情怀的培养延伸至课下。）

　　同样，在学习必修二第四单元《中国特色社会主义建设道路》时教材关于改革开放内容，侧重于对制度建设发展完善的叙述，缺少史实论证和量化对比，学生只感受自己所处的今天生活之丰富，不能真正理解改革开放以来逐年的变化，自然也就不能认识到改革开放决策的伟大之所在，达不到情感、态度、价值观的培养目标。教师利用地图册第37页呈现的"1978—1999年中国主要经济建设成就""1978—2005年中国国内生产总值增长情况记录""主要工业产品产量（1978—2005年）""改革开放以来中国对外贸易情况表"引导学生从各角度掌握改革开放以来的成就，学生在阅读时嘘声、叹声一片，神情在明显地发生变化，这样就既形象直观而又深刻理性地达到了三维目标的要求。

　　可见，行思成长教学中历史图表可以传达历史信息，把有价值的历史图表引入教学中有利于增强学生的感性认识，培养学生获取信息的能力和概括问题的能力，提高学生分析比较问题的能力等。

第三节　画工如山貌不同——解释历史图片

新课程理念引领下的历史课堂，应着重突出学生的主体地位，全面激活学生主动学习的兴趣，与此同时教师的正确引导也不可或缺。行思成长教学中，教师的引导体现为问题情境的创设。在教学过程中，为有效迅速抓住学生注意力，可适当地引入历史图片创设教学情境，这样有助于激发学生主动学习的兴趣，燃起他们探索的热情。对历史图片的解读，一般可以从以下六个方面入手：①明确历史图片的内容；②注意图片作者所带有的感情色彩；③注意图片中所出现的文字内容；④分析图片的创作目的；⑤分析图片创作的背景；⑥分析图片所带来的影响。

在课堂上教师作为学生学习的引导者，同时又负责讲解图片史料，这对激发学生学习积极性以及提高学生的学习能力均具有重要的作用。例如，在教授人教版《历史》必修三《西方人文主义思想的起源》时，通过解读插图《苏格拉底之死》，让学生理解遵守法律，雅典人民才有法治的保障，同时感受苏格拉底的人格力量。

1787年，大卫为赞美革命者为信仰和真理而献身的精神，创作了《苏格拉底之死》。

画中所描绘的就是苏格拉底服毒自杀的情节，在一个阴暗坚固的牢狱中，苏格拉底庄重地坐在床上，亲人和弟子们分列两旁；牢门半开，从门缝中射进一束阳光，使画中人物在黑暗的背景衬托下格外突出；苏格拉底位于视觉中心位置，他裸露着久经磨难的瘦弱身子和坚强的意志，高举有力的左手继续向弟子们阐述自己的见解和观点，同时镇静地伸出右手欲从弟子手中接过毒药杯，面对死亡毫不畏惧。弟子们个个聚精会神地倾听老师的演讲，竟忘了老师死亡将至。

人教版《历史》必修三插图《苏格拉底之死》中，扶着苏格拉底大腿的是他的学生，比较富有，买通狱卒，为他打通所有关节，可以让他从狱中逃走，并且劝说他，判他有罪是不正义的。苏格拉底选择了慷慨走向刑场，视死如归。他的理由：我是被国家判决有罪的，如果我逃走了，法律得不到遵守，就会失去它应有的效力和权威。当法律失去权威，正义也就不复存在。尼采说苏格拉底之死是阿波罗之死，是西方的理性。不难理解苏格拉底之死对于西方法治文明的重大意义：也许法律会一时枉正错直，但在世俗之城里只有一个人人必须遵守的法律，只有在每个苏格拉底都服从法律的基础上，雅典人民才有法治的保障。

教师在历史学科的教学中，一定要针对学生的实际学习情况运用图片史料进行教学，从而提升课堂效率。引导学生读图时，教师应事先设置具有启发性的问题，有目的、有计划、有步骤地引导学生进行三个方面的分析与思考：一是根据历史图片概述历史事件或历史现象；二是根据历史图片进行分析，得出规律性的认识；三是能把历史图片中有联系的历史事件进行归纳总结，并在此基础上进一步深入思考，培养学生的逻辑推理能力。

例如，在教学中国"对外开放格局形成"的教学中，笔者引导学生阅读"对外开放示意图"，设问：让学生根据示意图指出中国对外开放的步骤是什么，结合示意图及步骤指出中国对外开放的特点，此特点会对中国发展带来怎样的影响。步骤：经济特区——沿海开放城市——沿海开放区——沿江开放港口城市——沿边开放城镇——内地省会开放城市；特点：全方位、多层次、宽领域。影响：中国国力增强等。这样，学生在教师的层层设问下，思维得到了训练，语言表达能力也得到了提高。再如，《中国近现代社会生活的变迁》地图册将近现代生活中的衣、食、住、行、生活习俗、通信与传媒，分类别、按时代顺序用大量丰富多彩的图片呈现出来。学生在阅读教材后翻开地图册，眼前一亮，连心不在焉的几个学生也被迅速吸引了。大家对着地图册热烈地讨论着，有的学生举手要老师帮他们解释有些图片的时代背景，有的学生感同身受地谈着从爷爷奶奶到自己生活所发生的变化。原来历史是如此生动有趣，如此贴近生活，无须教师手舞足蹈地比画描述，学生自然明白无误，能够更形象、更生动、更直观地感知历史，不仅达到了培养兴趣、学习知识的目的，而且转变了学习态度和观念。

附：

教学示例：人教版《历史》必修一《美国联邦政府的建立》

【教学目标】

1. 知识与能力

掌握美国1787年宪法的主要内容和联邦制的权力结构；养成独立思考的学习习惯，能对所学内容进行较为全面的比较、概括和阐释；比较美国资产阶级共和制与英国君主立宪制的区别，认识民主制度因国情各异而呈现多样化的基本特点，进一步提高阅读和通过多种途径获取历史信息的能力。

2. 方法过程

通过指导查阅资料、情景再现、材料分析、分组讨论，进一步培养学生对相关材料的分析、比较、归纳和概括的能力。通过探究学习，了解现实，反思历史，进一步培养学生发现问题、积极探索解决问题途径的意识与能力。

3. 情感、态度与价值观

根据美国从邦联制到联邦体制的演进过程等基本史实的学习，使学生认识到政治制度的发展完善是人类历史进步的宝贵遗产。培养历史唯物主义世界观，历史地、客观地看待事物，正确地对待历史发展进程。认识人类社会发展的统一性与多样性，理解和尊重各地区、各国、各民族的文化传统。汲取人类创造的优秀文明成果，进一步形成开放的世界意识。

【教学重难点】

（1）重点：对美国1787年宪法的主要内容的掌握与评价。

突破策略：通过查询资料、分组讨论、教师适当点拨，了解美国总统、国会、联邦法院各有什么权力，又是怎样达到制约与平衡的。

（2）难点：对1787年宪法中"分权与制衡"的理解与掌握；对"邦联体制"与"联邦体制"的理解。

突破策略：通过分组讨论、归纳，教师点拨尽量做到深入浅出，将抽象概念形象化、生动化，使学生能够较快地理解和掌握。

【教学过程】

1. 创设情境，导入新课

导入语：（进行民意调查）喜欢去麦当劳的请举手？喜欢肯德基的举手？从来没喝过可口可乐的举手？美国的东西随处可见，你们了解美国吗？要了解美国，就要了解1787年宪法。

2. 启发点拨，讲授新课

（1）1787年宪法制定的背景。

展示《美国独立战争》幻灯片，教师略作概述，分析出1787年宪法制定的背景一。

——取得独立，成立了美利坚合众国。

展示幻灯片"邦联制"，简要说明邦联制的含义。

幻灯片展示华盛顿的话，提出问题：请依据上述材料和教材内容回答，邦联制的缺陷有哪些具体的表现？

引导学生据材料答出邦联制的缺陷的具体表现，了解制定新宪法的必要性、迫切性，分析出背景二。

——邦联制的缺陷：政治一盘散沙，经济形势混乱，阶级矛盾尖锐，军事力量受制。

展示孟德斯鸠《论法的精神》书影及其一段话，引导学生分析指出实行三权分立是孟德斯鸠思想的核心，分析出背景三。

——理论来源：欧洲启蒙思想的精华。

美国需要建立一个强有力的中央政府，以巩固刚独立的国家；又要防止独裁的出现，以保障资产阶级民主制度。

展示美国"宪法之父"麦迪逊所说的一段话，以此说明：既要建立强有力的政府，又要对政府进行控制，这是美国制定宪法时需要解决的问题。

展示名画《签署美国1787年宪法》，要求学生掌握美国1787年宪法制定的时间、地点和制宪会议。

（2）1787年宪法的制定。

展示《美利坚合众国宪法》（1787年）（节录），提出问题：据上述材料指出，1787年宪法的主要内容是什么？

引导学生分析出宪法序言和正文涉及的主要内容。

主要内容：序言→制定联邦宪法的目的和宗旨。

正文→对立法权、行政权、司法权加以说明和规定等内容。

提出问题：依据上述材料及教材内容，请说出美国的国会、总统、联邦法院各有哪些权力？

在学生回答的基础上，教师归纳，并补充说明三者各有哪些权力。

在总结以上知识后，展示幻灯片：美国联邦政府结构示意图，并分析说明三者的有关情况。

美国总统权力使联邦的行政权保持强有力的地位，是美国政治制度的特点，美国政治制度被称为总统共和制，简称总统制。但美国的立法权、行政权、司法权之间制约达到平衡，体现三权分立原则。总统和国会之间、国会本身两院之间、司法与其他部门之间均构成制衡，从而引导学生分析出1787年宪法的特点。

——特点：体现了分权与制衡的原则。

提出问题：总统、国会与联邦法院之间是如何相互制衡的呢？

展示幻灯片：美国三权分立、制约与平衡关系示意图，教师引导学生分析，并完成上述问题。

提出问题：请据教材指出1787年宪法是如何规定地方与中央的关系呢？

——地方"自治"与中央政权的关系。

学生依据教材回答后，教师指出：联邦和州之间也构成了一种制衡。

提出问题：美国1787年宪法具有深远的影响，我们该如何评价它呢？

学生分组讨论，先分析其积极性，教师引导学生归纳，得出结论。

——对美国1787年宪法的评价。

进步意义：内容略。

提出问题：美国1787年宪法有没有其局限性呢？

展示有种族歧视的美国1787年宪法有关内容和有种族歧视、妇女歧视的有关照片的幻灯片，学生分组讨论，得出美国1787年宪法局限性的有关结论。

（3）两党制。

提问：什么是"驴象之争"？

教师简介美国的两党制，引导学生分析美国两党制的根本性质：都是维护资产阶级的根本利益。

提出问题：同学们在前面学过有关英国的君主立宪制的知识，请分析它与美国的总统共和制又有哪些异同呢？

（4）比较美国总统共和制与英国君主立宪制。

学生讨论后答出两者的不同点和相同点。

3. 归纳总结，结束新课

略。

4. 课后探究，自主学习

思考：1787年宪法没有处理人权问题，但在其后200年间却具有"超稳定性"，这是为什么？

课后反思，可取之处有：充分发挥多媒体手段在中学历史教学中的作用，特别是在历史课程资源开发、激发学生兴趣中的作用；创设教学情境，充分利用史实材料或资料，尽量还原历史本来面目，调动学生探究历史的积极性；充分体现了新课程以教师为主导、学生为主体的理念及知识与能力相统一、结论与过程相统一的理念；重视对学生自主学习、自主探究能力的培养；情感教育与知识掌握、能力培养有机结合。

需要进一步思考的教学问题有：在新的历史课程标准要求下，如何更好地实现学生学习方式的转变，如何让学生更好地理解世界的统一性与多样性，如何更好地理解英国、美国，还有我们中国的政治体制都是合乎本国国情的，任何一国都不能生硬地照搬他国的体制，这些问题，都有待进一步深化。

第四节　更研哲理牖新知——分析基本史料

历史已经远去，我们无法完全了解历史的真实，但应该借助多视角的史料尽可能地去接近历史的真实。史料是记录人类历史发展成果的资料，也是历史研究及历史教学不可缺少的材料。新课标指出：历史学习不仅要使学生掌握历史知识，还要使学生具备分析史料获取信息的基本技能。行思成长教学重视将史料引入历史课堂教学中，为学生提供分析历史事件、获取关键信息、得出历史结论的锻炼机会，培养学生"论从史出"的历史学习态度，提升学生的历史学科思维。

阅读史料可分三步进行。

一、分析史料结构

分析问题首先是分解问题，对史料的运用首先是对史料的结构进行分解。从历史的角度来看，无论是什么史料，基本上都可以按照"6W"把史料分解成六部分（图4-4-1）。

图4-4-1　"6W"

图中的谁（Who）、何时（When）、何地（Where）、何事（What）、为何（Why）、结果如何（How），换一种说法就是人物、时间、地点、经过、原因、结果。把这六要素串起来概括成一句话就是：某人某时在某地做了某事出现了某种结果。

这六个"W"是记录一段历史所必需的要素，任何一则史料，总是在不同程度上具备这六种要素。依据其具备的充分程度与表现样式，可以有不同的利用。

例如，下面这则史料：

上海《时报》1913年7月1日刊登了一篇题为《考师范之笑话》的文章：

江苏第一师范学校招考生徒，应考者三百余人，皆中小学也。校长杨月如先生嘱各举崇拜人物，以表其景仰之诚……计开崇孔子者二百五十七人，孟子六十一人，孙文十七人，颜渊十一人，诸葛亮、范文正八人，岳飞七人，王守仁、黎元洪六人，大禹、陶侃、朱熹、华盛顿四人，程德全三人，苏轼、康有为、袁世凯、屠元博二人，伯夷、周公、仲由、苏秦、张仪、秦始皇、张良、萧何、韩信、司马迁、马援、班超、陆九渊、韩愈、司马光、程颐、徐光启、顾宪诚、史可法、曾纪泽、苏格拉底、亚里士多德、马丁·路德、培根、卢梭、梁启超、武训、杨斯盛、安重要、蔡普成……各一人，此外二十三人则无所崇拜者也。

——刘志琴主编；《近代中国社会文化变迁录》，

杭州，浙江人民出版社，1998年。

这则史料结构是这样的：

上海（地点）《时报》1913年7月1日（时间）刊登了一篇题为《考师范之笑话》的文章：

江苏第一师范学校（地点）招考生徒（内容），应考者（人物）三百余人，皆中小学（人物）也。校长杨月如先生（人物）嘱各举崇拜人物，以表其景仰之诚（形式与过程）……计开崇孔子者二百五十七人，孟子六十一人，孙文十七人，颜渊十一人，诸葛亮、范文正八人，岳飞七人，王守仁、黎元洪六人，大禹、陶侃、朱熹、华盛顿四人，程德全三人，苏轼、康有为、袁世凯、屠元博二人，伯夷、周公、仲由、苏秦、张仪、秦始皇、张良、萧何、韩信、司马迁、马援、班超、陆九渊、韩愈、司马光、程颐、徐光启、顾宪诚、史可法、曾纪泽、苏格拉底、亚里士多德、马丁·路德、培根、卢梭、梁启超、武训、杨斯盛、安重要、蔡普成……各一人，此外二十三人则无所崇拜者也。（内容及结果）

如上所示，史料都可以从分析结构入手解读。当然，结构上并不一定都完全具备上述全部的六个"W"，但无论具备了多少，我们都可以在这样分析的基础上进一步运用。

二、在历史背景下多角度解读史料中的人和事

史料中包含着丰富的人与事，我们在解读史料时要把这些人和事放在具体的历史背景下通过多角度切入才能理解正确。从考试的角度上说，材料中的有效信息被人为地"埋藏"在无效信息之中，并经过结构性处理，它涵盖了事物主要特征，只要全部发掘出来就可以回答问题。从教学的角度上说，情况就大不一样。我们举出一些材料来分析，其中就未必含有足够的有效信息。那么到底我们需要看多少材料就算达到了占有有效信息的标准呢？这就要抓住事物的本质特征。发掘有效信息也是这样，我们要从可能反映历史事物本质属性和特征的角度去寻找信息，如果这个问题解决了，就可以说我们占有了最有效的材料。

如上则史料，这份答卷实际上是个难得的"民意测验"，应答的对象"皆中小学也"。从数量上看，在300余学生中，崇拜孔孟者即有200多人，占应答人数的2/3，如果再加上儒学的其他名人，占比遥遥领先，居绝对优势；从对象上看，答卷中崇拜宰相、将领者较多，但崇拜皇帝者极少；从地域上看，南方孙文受人崇拜，得17票仅次于孔孟，崇拜袁世凯的较少；从中

外对比上看，西方政治家、思想家，在中国已获得少数人的崇拜。

三、提出问题深层理解史料

对材料有效信息的认识不是一个简单的材料处理过程，而是一个思维具体化和不断深化的过程。上面我们对史料进行结构上的解剖，如果继续提出有针对性的问题，就可以从"知识与技能"延伸到"过程方法"。例如，上则史料，教师在运用的时候可以提出这样一些问题：

问题一：从材料看，当时中小学生主要崇尚的是哪种思想？结合时代背景简要分析这种现象的原因。

当时中小学生主要崇尚的是儒家思想，是因为辛亥革命虽推翻了封建帝制，但存在浓厚的封建思想意识；袁世凯政权在文化教育领域内掀起尊孔复古逆流。

问题二：当时中小学生崇拜宰相、将领者较多，但崇拜皇帝者极少说明了什么？

说明辛亥革命推翻了专制帝制，皇帝的神圣光环在较有知识的读书人心中已经不存在了。

问题三：孙中山先生是当时中小学生崇拜的人，这是为什么呢？

这是因为孙中山领导辛亥革命，结束了两千多年的封建君主专制制度，建立中华民国，使民主共和观念深入人心，推动中国历史的发展。他忧国忧民，勇于承担历史责任，拯救民族于危难之中。

问题四：南方孙文比北方袁世凯得票多的原因是什么？

受南方舆论影响较大，民国初年南北文化的差异端倪可察。

问题五：西方政治家、思想家在中国已获得少数人的崇拜反映了什么现象？

西方政治家、思想家在中国已获得少数人的崇拜，反映了近代西方文化逐渐传入中国的历史状况。但是中学为主，西学为次，体现广大中国知识分子的文化重心未发生根本转变。

在以上的探讨中，我们从这则史料的分析中可以看到近代中国社会文化的缓慢变化。我们要不断加深对材料的认识，材料的有效信息加深了我们对事物理解的程度，带来新的寻找更大范围的材料的要求。这时，应及时扩大范围，力求对问题的全面解决。

再如，用这些方法分析下列史料：

我国是较早利用海洋的国家之一，殷墟即发现了来自南海乃至阿曼湾的海贝。齐国借助"边海"的地理条件，发展"鱼盐之利"，成为春秋战国时最为富庶的国家。汉代"海上丝绸之路"雏形即已出现，魏晋而后，僧人"附商舶"西行"求法"，成为佛教东传的重要方式。宋元时代指南针等远洋航行工具的使用，使海外贸易达到鼎盛。明朝前期，在郑和下西洋的背景下，出现了一批重要的航海著作，如《瀛涯胜览》《星槎胜览》《西洋番国志》等，记录海行见闻，反映当时东南亚、印度以及阿拉伯、东非等地的风土人情、山川名胜。明后期，郑若曾针对倭寇等问题，在《筹海图编》中明确提出"海防"的主张："欲航行于大洋，必先战胜于大洋。"而明、清政府常常采用"海禁"的办法。到鸦片战争前，"各省水师战船，均为捕盗缉奸而设"。

——摘编自白寿彝总主编《中国通史》等

第一，通读全文，分析结构，紧扣关键词"古代海洋利用"，围绕海洋利用来理解。

第二，分层概括归纳每个阶段海洋利用情况。

我国是较早利用海洋的国家之一，殷墟即发现了来自南海乃至阿曼湾的海贝。//齐国借助"边海"的地理条件，发展"鱼盐之利"，成为春秋战国时最为富庶的国家。//汉代"海上丝绸之路"雏形即已出现，魏晋而后，僧人"附商舶"西行"求法"，成为佛教东传的重要方式。//宋元时代指南针等远洋航行工具的使用，使海外贸易达到鼎盛。//明朝前期，在郑和下西洋的背景下，出现了一批重要的航海著作，如《瀛涯胜览》《星槎胜览》《西洋番国志》等，记录海行见闻，反映当时东南亚、印度以及阿拉伯、东非等地的风土人情、山川名胜。//明后期，郑若曾针对倭寇等问题，在《筹海图编》中明确提出"海防"的主张："欲航行于大洋，必先战胜于大洋。"而明、清政府常常采用"海禁"的办法。到鸦片战争前，"各省水师战船，均为捕盗缉奸而设"。//

第三，在海洋利用的每个阶段，通过关键词逐句思考，利用发散思维从多个角度概括，它是在讲海洋利用的哪几个方面？

根据文本材料关键词得出海洋利用时间、海洋利用范围、海洋利用技术、海洋利用著作、海洋利用内容、海洋利用主体、意识等关键信息。最后，从多个角度归类，得出最后的理解认识，中国古代海洋利用的特点有：①海洋利用的时间早；②从沿海利用到远洋开拓；③先进技术应用于航海；④注意海行见闻、航海经验的总结；⑤以经济文化交流为主，和平利用；⑥以民间交流为主，海洋意识不足。

在高中历史教学中，教师的教学离不开史料，但是史料的运用又不能过多、过滥，需要经过精选。史料的运用要把握如下几个原则。

1. 真实性原则

史料是从某一角度对历史的再现，是历史真实性的依据和实证。课堂教学使用的史料必须真实可靠，这是体现历史学科科学性的坚实基础。所以，选择的史料最好是可信度强的原始材料、第一手资料，一般情况下还应该注明出处。切忌把野史、演义甚至是道听途说的内容作为材料给学生分析、思考，否则只能是喧宾夺主、本末倒置，甚至是适得其反。

2. 有效性原则

根据课程标准的要求，围绕教学重点、难点来选取史料，要符合学生的认知水平。学生的情况不同，即使是一样的内容，针对高一与高三的学生，引用的材料也可能完全不一样。这与学生不同时期的不同认知程度和认知水平有关。如果超出了学生的认知水平，不但无助于教学，可能还会产生负面作用。不能只着眼于史料的趣味性，学生再感兴趣的史料，如果它不能有效地为教学目标的实现服务，也只会浪费宝贵的课堂时间。

3. 典型性原则

对非本质或有缺陷的史料进行分析，会误导学生得出错误的认识和判断；选择涉及政策性问题的史料，一定要选取国家权威性观点结论的史料，否则难以确保"论从史出"的科学性。例如，讲授鸦片战争可选用乾隆皇帝接见马戛尔尼使团后给英方的回信。因为选用的史料可信度比较高，学生通过阅读，有助于深化对鸦片战争爆发背景的理解。

4. 多视角原则

同一史料选择不同角度来分析，才有可能还原历史真相。例如，本文前面引用的《考师范之笑话》，通过设置问题，多角度来解读，呈现当时的历史场景。

我们无法让自己重新置身于历史现场之中，但应该借助丰富的史料尽可能地去感受历史的氛围；我们无法完全了解历史的真实，但应该借助多视角的史料尽可能地去接近历史的真实。在历史教学中，如果能遵循以上原则和方法，必定能够更好地发挥史料教学的优势，促进新教学资源的开发及学生学习方式的转变，提高学生的历史学科素养，取得更好的教学效果。

附：

教学示例：人教版《历史》必修一《辛亥革命》

【教学目标】

1. 知识与能力

把握辛亥革命的整体过程，掌握辛亥革命伟大的历史意义；培养学生的材料分析、自主学习和合作学习的能力，使学生逐渐养成发现问题、探究问题、解决问题的思维习惯和能力。

2. 方法过程

通过创设情境、材料分析、牛刀小试、合作闯关、给力大舞台等多种学生活动方式，调动学生的积极性；通过比较分析辛亥革命后社会的变化——看得见的"新"和未消失的"旧"，引导学生分析辛亥革命的成败得失；通过引导学生感悟辛亥革命精神，培养学生通过反思、交流形成价值判断的能力。

3. 情感、态度与价值观

理解辛亥革命在中国现代化历程中的重要意义，感悟辛亥革命精神对今天中国崛起的启示。

【教学重难点】

重点：民国的建立、《中华民国临时约法》的颁布、辛亥革命的伟大功绩。

难点：辛亥革命的认识、评价。

【教学过程】

1. 辛亥革命的背景（必要性和可能性）

材料一：辛亥革命前，500多个不平等条约中，仅从《南京条约》到《辛丑条约》的8次主要赔款，就被勒索19亿多银圆，相当于1901年清政府全年财政收入的16倍。

——人民日报　2001年10月9日

材料二："百日维新"和义和团运动的失败清楚地表明，试图通过自上而下的改良来使中国现代化是无法实现的。

——斯塔夫里阿诺斯《全球通史》

材料三：宪法纲要订明永远尊戴大清皇帝，君上神圣尊严，不可侵犯，有制定法律权，有召集、关闭、解散议院权，有设官、黜陟权，有统率海陆军及编订军制权，有宣战、戒严权，有总揽司法权；臣民在法律范围内，得为官吏、议员，有言论、集会、结社自由，有纳税、当兵义务。

——郭廷以《近代中国史纲》

材料四：20世纪初，民族资本主义……有了比较迅速的发展……1901年至1911年，全国新设立的厂矿有320多家，资本总额1亿多元，是以前30余年的两倍多。

——人教版《中国近现代史》（上册）

材料五：无论光复会也好，华兴会也好，都缺乏明确而完备的纲领，更没有严密的组织，而且都受地方性的局限，不足以领导全国日益高涨的革命运动。

——我国杰出的无产阶级革命家吴玉章

2. 理论基础

材料一：我们并不是恨满洲人，是恨害汉人的满洲人。假如我们实行革命的时候，那满洲人不来阻挠我们，决无寻仇之理。

——孙中山《三民主义与中国民族之前途》

材料二：至于民权主义，就是政治革命的根本。将来民族革命实行以后……却是还有那恶劣政治的根本，不可不去。几千年来，都是君主专制，这种政体，不是平等自由的国民所堪受的。

——孙中山《三民主义与中国民族之前途》

材料三：平均地权，不是夺富人之田为己有，而是由国家统一核定地价。其现在之地价，仍属原主。所有革命后社会改良进步之增价，则归于国家，为国民所共享。

——邹鲁《中国国民党史稿》

3. 革命过程

1911年10月，武昌起义，成立湖北军政府，黎元洪为都督。

11月，清政府委任袁世凯为内阁总理大臣。

12月，南、北方代表在上海英租界开始和谈。

1912年1月1日，孙中山就任临时大总统，中华民国南京临时政府成立。

2月12日，宣统帝下诏退位。

3月8日，临时参议院通过《中华民国临时约法》。

3月10日，袁世凯接替孙中山在北京就任临时大总统。

4.《中华民国临时约法》

材料一：中华民国之主权，属于国民全体。

材料二：中华民国人民一律平等，无种族、阶级、宗教之区别。

材料三：中华民国以参议院、临时大总统、国务员、法院行使其统治权。中华民国之立法权，以参议院行之。

材料四：国务员（指国务总理及各部总长）辅佐临时大总统，负其责任。国务员于临时大总统提出法律案、公布法律及发布命令时须副署之。参议院对于临时大总统，认为有谋叛行为时，得以总员四分之三以上之出席，出席员三分之二以上可决弹劾之。

——以上皆选自《中华民国临时约法》

（1）材料一体现了什么原则？（主权在民，反对主权在君）

（2）材料二中"中华民国人民一律平等，无种族、阶级、宗教之区别"的规定有何进步意义？（人权平等，否定封建等级）

（3）材料三中的权力分工体现了什么思想?与哪一国家宪法类似？有何作用？（三权分立的思想，美国，防止专制独裁）

（4）材料四中"国务员辅佐临时大总统，负其责任"是指实行什么制度？这一点又与哪国相似？（实行责任内阁制，法国）

（5）为什么特别规定实行材料四所规定的制度？（防止袁世凯当上临时大总统后专制独裁）

5. 评价辛亥革命

材料一：南京临时政府鼓励华侨来华投资，成立实业部，颁布一些鼓励资本主义发展的措施，1912年至1919年，民族工业新建厂矿470多个，投资约9500万元，加上原有企业扩建投资，新增资本至少有一亿三四千万元，相当于此前50年间投资的总和。

材料二：南京临时政府颁布了一系列政策法令，如提倡"自由、平等、友爱为纲"的公民道德，革除历代官厅"大人""老爷"等称呼，禁止蓄辫等。

材料三：辛亥革命有破还有立……"朕即国家"的时代已经成为历史……中国人的脑袋与双膝才不再为磕头而准备着，而是为思考问题、为走路而准备着，遥望百年前的那场浴血奋战，我们也应该懂得感恩。

——郭世佑《辛亥革命的真实性与复杂性》

阅读材料指出辛亥革命还给中国带来什么变化。

材料一：民国之政治，比之满清尤为不及，把持国事者，均系军阀武人，争权夺利，祸国误民，有国家共和之名，无国家共和之实。

——孙中山

材料二：民国三年，戴季陶遇见一个老农，因戴氏身着日本服装，老农遂问其国籍。戴称"予中华民国人也"。老农"忽作惊状，似乎不解中华民国为何物者"。当戴氏告诉老农"你也是中华民国人"时，老农茫然恍然，连声说："我非革命党，我非中华民国人。"

——唐文权、桑兵《戴季陶集》

材料三：所有中国前此与各国缔结之条约，皆继续有效；所有外人之既得利益，一体保护。

——《孙中山全集》第一卷

根据以上材料指出辛亥革命存在什么问题，为解决以上问题中国人还需做何努力？

问题：辛亥革命没有完成反帝反封建的革命任务，也没有改变半殖民地半封建的社会性质。

对农村影响有限，思想解放有限。

对帝国主义抱有幻想。

原因：资本主义经济发展不平衡，资产阶级力量弱小。

国人思想不够解放，受封建思想影响严重。

措施：进行思想解放运动，从头脑中消除封建的影响。

发动全国人民进行革命，实现全民族的独立与解放。

【教学反思】

本课教学是经过了充分准备的，重在探索新课程基本理念在课堂教学过程中落实的具体方法与注意事项。

本节课在设计上遵循一个基本模式，从提出问题到分析及解决问题、反思、归纳、评价，每个环节环环相扣，也充分体现了问题的基础、层进、综合、开放等特性。特别注重发挥小组成员的积极性，通过讨论来分析问题、解决问题，即小组合作解决问题。

本课教学主要注重转变学生的学习方式，着眼于学生学习方法、学习思维、学习习惯的训练，培养学生的创新意识和实践能力。通过学生自主学习、自主探索、合作交流，力图实现学习方式的多样化，实现学生由被动接受学习向自主、合作、探究式学习的转变。

问题式教学的核心价值是自主、合作、探究，因此我认为在问题的解决过程中，既要有学生个体的自主思考探究，又要有小组成员之间的合作探究。一般情况下我们会关注小组合作探究学习，但是个体的自主思考就会被忽视，或者说教师不太相信学生，不敢放手，往往给学生独立思考的时间很短，迫不及待地要提示学生。

新教学观认为，对于给定的内容，师生都有其自身的理解，教学就是这种"个性化理解"的交流及之后对给定内容的再理解。对教师来说，首先要界定"给定的内容"并加以整合，然后呈现给学生；其次要关注课堂上学生的反应，并不失时机地进行调整，以促成课堂上精彩的生成。我把整合的资源呈现给学生，这就是预设。从学生的角度看，面对的"给定的内容"包括教材和教师出示的相关资料。用教材解析资料，或用资料加深对教材，甚至是课标的理解，是学生课堂学习必须注意的两方面，这就是生成。

在课堂的延伸中，通过对辛亥革命失败的原因、教训以及启示的认识使学生从不同的角度思考问题，形成对具体史实有较深层次的认识。通过谈课后收获，使学生认识到历史不是孤立地存在于过去，而可以为我所用，从而树立为祖国发展而努力学习的人生理想，形成正确的人生观。

同时不足也很明显，如有的问题设置不一定恰当，引导方式也有待改进，学生参与的空间不够大，教师讲的内容过多。另外，本课内容头绪众多，一节课内既要让学生充分参与，以培养学生能力，又要实现教学目标，难免显得有些仓促，这些都需要在以后的教学实践中不断改进。

第五节　观千剑而后识器——比较各种观点

历史比较思维是史学研究的重要思维方法，"历史的比较研究，是指对历史上的事物或概念，包括事件、人物、思潮或学派等，通过多种方法进行比较对照，判明其异同，分析其缘由，从而寻求其共同规律和特殊规律的一种方法。"[①]从概念可以看出，历史比较思维本质上是一种宏观思维下的思考状态，突破了单一思维、孤立思维模式。行思成长教学强调行与思结合，就是让学生将历史置于更广阔的状态下进行认识，不断成长。

一、纵向比较思维

纵向比较思维是指同一或相似历史现象、事物，在不同发展时期的比较，往往对比不同阶段的历史变化或特征，其具体可分为下面几种情况。

1. 对比中找异同

历史是在继承中向前发展的，没有完全割裂的历史，也没有完全静止的历史。"异同"对比是比较思维的首要任务。"异"通常表现为历史事物在一定时期内的发展变化；"同"是历史事物发展的继承或相似处，侧重历史理解和解释的重要方面。例如，汉代儒学与孔孟儒学的不同之处、宋代理学

---

① 范达人. 历史比较研究刍议 [J]. 历史教学问题，1984（6）.

对儒学的发展、韩愈和康有为关于儒学认识的共通之处。

2.变化中析影响

历史事物是在发展中不断变化的，往往这种变化又影响着历史的发展。在历史比较中，从历史事物纵向发展的多个变化中综合其规律性变化，再分析其对历史发展的影响。例如，下表（表4-5-1）：

表4-5-1　西汉朝廷直接管辖的郡级政区变化表

皇帝纪年	公元纪年	郡级政区
汉高帝十二年	前195年	15郡
汉文帝十六年	前164年	24郡
汉景帝中六年	前144年	68郡、国
汉武帝元封五年	前106年	108郡、国

从西汉朝廷直接管辖的郡级政区变化表中可知朝廷解决边患的条件更加成熟。

3.变化中析原因

历史的发展经过量变到质变，往往发生在某个特定时期，这个时期成为历史分水岭。历史纵向比较往往是前后两个历史时期社会发展变化的比较，同时要抓住社会发展各方面的内在联系，分析促成变化的因素。例如，明前中期，朝廷在饮食器具使用上有一套严格的规定，包括官员不得使用玉制器皿等，但到明后期，连低级官员乃至普通人家也都使用玉制器皿。这一变化反映了经济发展对等级秩序的冲击的情况。

4.变化中看实质

历史比较强调研究者应熟悉比较双方的基本史实，强调深层、本质的比较，而非表象、肤浅的比较，要在多项比较中综合分析。例如，下表（表4-5-2）：

表4-5-2　英国国民总收入变化表

年份	约1770	约1790—1793	约1830—1835
数额（百万英镑）	140	175	360
英国工人实际工资变化表（即按实际购买力计算的工资，1851年为100。）			
年份	1755	1797	1835
指数	42.74	42.48	78.69

通过分析表格可知，在工业革命期间，英国社会贫富差距进一步拉大

二、横向比较思维

历史横向比较主要是指对相同历史事物在不同空间领域（包括国家、地区等）进行的对比分析，探索其中的共同点及不同点。其同样需要在具体时空背景下去分析历史的发生发展，环境条件的异同决定了事物特性的异同。例如，对日本明治维新和中国洋务运动的不同之处进行比较。政治方面，明治维新之前日本天皇已经失去了权力地位，虽然还保留着天皇的称号，但其实也只是名义上的元首，真正掌握大权的则是幕府将军；我国在戊戌变法前一直处于中央集权和君主专制的统治之中，这个体制非常完善，牢牢地统治着百姓，而当时的国民早已习惯了专制统治，这就会给改革带来很大的阻力。经济方面，日本明治维新后政府大力发展工业，国内已经建设了现代化道路，不仅如此，日本政府还对土地制度进行改革。种种改革举措让日本的经济得到了高速发展。我国的洋务运动也想通过政府对国家实施工业化、现代化建设，虽然进行了很多努力，也取得了一定的效果但改革并不彻底，工业、军事依旧掌握在封建官僚手中，这给资本主义的发展带来了巨大阻碍。最终洋务运动还是使我国经济体制发生了根本性改变，很多企业也因为资金不足而破产。

因此，无论是比较相同点，还是比较不同点，不同时空下的背景分析比

较是解决问题的关键。

而在具体的历史教学中，这种比较经常用到，如中国和苏联的工业化问题：

材料一：中国的工业化是在农业生产力水平很低的状况下启动的，落后的传统农业对工业化造成极大制约，这种制约突出表现为农产品供给短缺的制约和农村市场需求不足的制约两种形式。因此随着中国工业化发展战略的全面推行，对农业发展的要求就变得十分强烈。

——孙代尧《20世纪50年代中国急速向社会主义过渡的工业化背景分析》

材料二：1933年，（苏联）宣布实行农产品义务交售制……提高工业品的出售价格，压低农产品的收购价格……以加快（工业化的）资金积累。

1953年，中国实行以固定价格强制收购粮食的制度……为撰写的工业化规划提供了资源……低价的收购制度提供了把物资部分无偿转出农业部门的手段。

——齐世荣《世界史·现代史编》、费正清《剑桥中华人民共和国史》

根据材料和所学知识，概括20世纪二三十年代苏联和20世纪50年代中国经济发展的主要相似特点及存在的主要问题，并分析中国存在这些问题的主要原因。

通过横向比较，我们可以认识到两国有相似特点，就是重工业发展迅速，轻工业发展相对缓慢，农业生产发展滞后。存在的问题有经济结构不合理（或片面强调重工业，导致农、轻、重比例严重失调），在忽视农业的基础上发展工业等。究其原因有缺乏管理全国经济的经验和受苏联经济发展模式的影响。不过，我国在实践中改变了高度集中的经济体制，使农业和工业协调发展，兼顾了国家、集体和农民三者的利益，调动了农民的生产积极性。实践证明了社会主义经济政治体制没有现成的固定的模式，只有根据本国的国情和发展阶段，反复实践，才能走出一条适合自己的道路。

附：

教学示例：人教版《历史》必修一《新中国初期的外交建树》

【设计理念】

体现基础教育课程改革所倡导的现代教育新理念，依据建构主义理论强调以学生为中心，各种教学因素，包括教师只是作为一种广义的学习环境支持学生的自主学习，诱发学生的问题并利用它们刺激学习活动，使学生迅速地将该问题作为自己的问题而接纳。激发学生发现问题，以问题为核心驱动，进行自主探究、合作学习，培养学生实事求是的科学态度，提高学生的创新意识和实践能力。

教学设计体现知识与能力、过程与方法及情感、态度与价值观三方面的整合，同时渗透现阶段中华民族所倡导的人生观、世界观、价值观等教育思想。

【对象分析】

1. 学习者特征分析（表4-5-3）

表4-5-3 学生学习特征分析表

现状	期望的状态	差距	原因分析
高一年级学生有一定的理解、自学能力及知识水平	能够通过自学发现问题，并试图寻找解决办法	看书不会找关键词，提出的问题大多浮于表面	不注重阅读，对教师有较大的依赖，习惯于初中学习方式
喜欢形式多样、直观生动的教学方式，易对新知识、新事物产生兴趣	借助形式更好地掌握内容，达成教学目标	满足于一时感观刺激，缺乏进一步深入分析认识	学生平时接触有关历史题材影视、传媒作品不多，感性认识较少
对某些历史知识有耳闻	能够将新知识融入自己固有的知识体系中，会联系找出逻辑联系点	知之不详，掌握的历史知识较零散，认识片面，停留在史实表面	初中对历史不重视，高中难以达成知识的衔接，对历史发展过程中规律性、本质性的东西把握不清

2.学习内容特征分析

（1）对课标的分析。

《课程标准》对本节的要求只是一句话："了解新中国建立初期的重大外交活动，理解和平共处五项原则在处理国际关系方面的意义。"首先，要明确国家的对外事务既是一国政治活动的重要组成部分，是内政的延续，也是综合国力的体现。新中国外交走过了50余年风雨历程。其次，新中国成立初，中国面对阵垒分明、复杂多变的国际局势，决定执行独立自主的和平外交政策。这一政策遵循的基本方针包括：同旧中国的屈辱外交彻底决裂；倒向以苏联为首的社会主义阵营一边；把帝国主义在中国的残余势力清扫干净后再与它建立外交关系。基本目标是维护国家的主权和独立，促进世界的和平与发展。据此，中国提出并确立了和平共处五项原则，并将其作为以后新中国对外关系取得不断发展的主要保证。在学习中，应通过了解新中国的重大外交活动，理解和平共处五项原则提出的时代背景及其在处理国际关系方面的意义。

（2）对教材的分析。

人教版必修一在本单元讲述新中国成立以来外交活动情况。中国外交政策有相对稳定性和延续性，而外交活动又与国家内政情况、国际形势有密切联系，彼此影响。故以第九单元"当今世界政治格局的多极化趋势"作为现代中国的对外关系的大背景，突出中国与世界的关系，从全球视野看新中国的外交。因此，本单元知识纵向联系和横向联系都较广，具有很强的总结、概括性特点。

知识编排上，教材叙述时间性较强，故本单元分别以建国初期（20世纪50年代）、外交新局面（20世纪70年代）、改革开放（20世纪80、90年代）三个时期来突出中国在外交战线上由一个胜利走向另一个胜利。关键是抓住中国内政和国际环境情况来阐述外交成就，说明中国一如既往地坚持独立自主的外交政策，同时适当根据新情况做出实事求是的调整。

《新中国初期的外交建树》一课，大背景是两极世界的形成，以"独立"作为工作核心，奠定中国实行独立自主和平外交的基调，这时中国离不开世界。

【教学重难点】

1. 重点

①新中国独立自主的和平外交政策。新中国奉行的外交政策是由新中国的社会主义政权性质和中华民族的根本利益所决定的，也与中华人民共和国成立初期所面临的国际形势有着密切联系。新中国外交政策的特点充分体现在新中国初期的外交活动中。因此，重点掌握这一内容有利于学生理解和掌握本节其他内容，有利于培养学生的分析能力，也有利于学生形成正确的价值观。②新中国提出的和平共处五项原则。和平共处五项原则的提出标志着新中国外交政策的成熟。它是我国处理与他国之间相互关系、参与国际事务所遵循的一项基本原则，为开创中国外交新局面奠定了基础。同时，和平共处五项原则为确立新型的国际关系做出了重大贡献，受到世界各国的广泛赞扬。深刻理解这一内容也有利于理解今天的中国外交和观察当今国际事务。

2. 难点

本节难点是亚非会议。学生对亚非会议为什么能在与会国彼此之间存在各种矛盾和分歧的情况下，克服重重困难，取得巨大成功难以理解。因此，教学中，要围绕中国代表团在会议中所起的关键作用和各国代表团的共同努力，来分析亚非会议成功的原因。

【教学目标】

1. 知识方面

通过本节内容的教学，使学生了解或掌握中华人民共和国成立初期国际形势的新格局和国际关系的新特点、新中国外交政策的根本原则和基本特点、新中国与各国外交关系的建立和友好关系的发展、和平共处五项原则、中国代表团参加日内瓦会议、中国代表团参加亚非会议。

2. 能力方面

（1）通过对中华人民共和国成立初期国际形势和新中国外交政策特点和基本方针的教学，培养学生通过综合分析把握历史事件之间相互联系的能力。

（2）通过对新中国初期外交活动和外交成就的教学，培养学生的归纳能力。

3. 态度、价值观方面

（1）通过对新中国外交政策和外交成就的教学，使学生认识到新中国在复杂严峻的国际环境中，坚持独立自主的和平外交政策，积极开展外交活动，取得了一系列重大成就，从根本上改变了旧中国外交的屈辱局面，显示了中国人民自强不息的民族精神和爱好和平的愿望。

（2）通过和平共处五项原则的教学使学生认识到和平共处五项原则的提出得到了国际社会的高度评价和赞扬，产生了极其深远的影响，成为处理与国相互关系的准则，新中国为建立新型、平等、和谐的国际新秩序做出了重大贡献。

（3）通过中国代表团参加日内瓦会议、亚非会议内容的教学，使学生认识到新中国在国际事务中的地位和作用不断提高，增强学生的民族自豪感。

【过程与方法】

依据建构主义理论，把研究性学习的方法引入课堂。创设情境，发现问题→探究式地解决问题→拓展问题。

【教学过程】

（一）导入——创设情境，引发思维

1. 解读标题导入

最能形象概括建国初期外交情况的成语是什么？

2.回顾中国近百年屈辱外交历史导入

（1）清政府《南京条约》是第一个屈辱条约，是腐朽的清政府屈服于西方殖民者炮舰外交的首次记录。到《辛丑条约》签订时，清政府对外不平等的屈辱外交发展成赤裸裸的卖国外交。

（2）中华民国成立后，为争取帝国主义的支持，南京临时政府承认清政府与列强签订的一切不平等条约继续有效，没有摆脱晚清屈辱外交的阴影。袁世凯和段祺瑞则以出让国家民族利益来换取帝国主义的支持。

（3）国民政府时期，蒋介石集团对日本侵略曾长时间退让和不抵抗，为取得美国的支持，1946年订立了《中美友好通商航海条约》等丧权辱国的不平等条约。认识：①落后就要挨打，弱国就被强食，弱国无外交。②社会制度落后，必将导致外交的失败。③誓死保卫国家主权，提高综合国力是国家外交的后盾。

3.名言导入

"国际关系中既没有永远的朋友，也没有永远的敌人，只有永恒的利益。"

4.类比导入

个人身体状况和外出活动与国力强弱和外交。

5.影像资料导入

周恩来外交风云。

（二）新课——发现问题，解决问题

1.背景——要面对什么

学习过程指导学生跨单元快速阅读教材第九单元第一节，带着问题进行思考并回答问题，了解世界新格局的主要变化和国际关系中最突出的特点。

国际关系突出的特点：社会主义与资本主义两大阵营的对立和激烈斗争，世界处于动荡不安之中。

有利方面：

（1）资本主义世界体系严重削弱，主要资本主义国家除美国外都遭战争重创。

（2）社会主义形成世界体系，欧亚人民民主国家和苏联形成社会主义阵营。

（3）亚非拉民族解放运动日益高涨，许多国家摆脱了殖民枷锁，赢得了独立。

（4）中国革命冲破了帝国主义战线，鼓舞了世界人民反帝和民主革命。

不利方面：

帝国主义和反动势力，特别是美国帝国主义充满敌意。美国在政治上进行孤立，经济上进行封锁，军事上进行包围和威胁，妄图将新中国扼杀在摇篮中。

学习方法：发现法、思辨法。

2.方针——为了什么实施

学习过程引导学生阅读分析教材中毛泽东代表中央人民政府向全民办发表的公告、《共同纲领》的引文及教材有关内容。

基本方针：独立自主的和平外交。

基本内容："另起炉灶""打扫干净屋子再请客""一边倒"。

学习方法：讲授法、探究法。

3.政策——怎样实施

学习过程展示历史文字材料、图表、老照片、人物图片等四组材料→发现信息→整理、归纳信息得到认识。

目的：发展与邻国和新兴民族独立国家的友好关系。

内容：互相尊重领土主权、互不侵犯、互不干涉内政、平等互利、和平共处。

意义：国际影响深远，成为解决国与国之间问题的基本准则。

相互关系：其中互相尊重主权和领土完整是必备条件和基础，它构成了核心部分；互不侵犯、互不干涉内政是贯彻五项原则的保证；平等互利是实现共处的条件；和平共处则是出发点和必然结果。

学习方法：讲授法、演示法、探究法。

4. 活动——实施怎样

学习过程：让学生观看周恩来总理率领代表团参加会议的照片，引导学生回忆中国参加1919年巴黎会议的情景。

参加日内瓦会议。

参加万隆亚非会议。

学习方法：观察法、讨论法、演示法。

5. 小结

教师引导，师生共同参与进行如下小结（图4-5-1）：

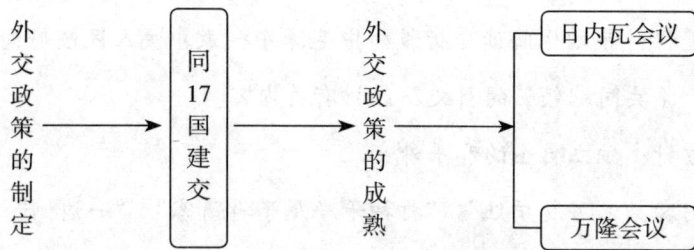

```
外交政策的制定  →  同17国建交  →  外交政策的成熟  →  ┌ 日内瓦会议
                                                      └ 万隆会议
```

图4-5-1　内容小结

特点：坚守独立、争取承认。

建交国：以亚非国家、社会主义国家为主。

国际形势：两极格局初步形成。

（五）预测与调控（图4-5-2）

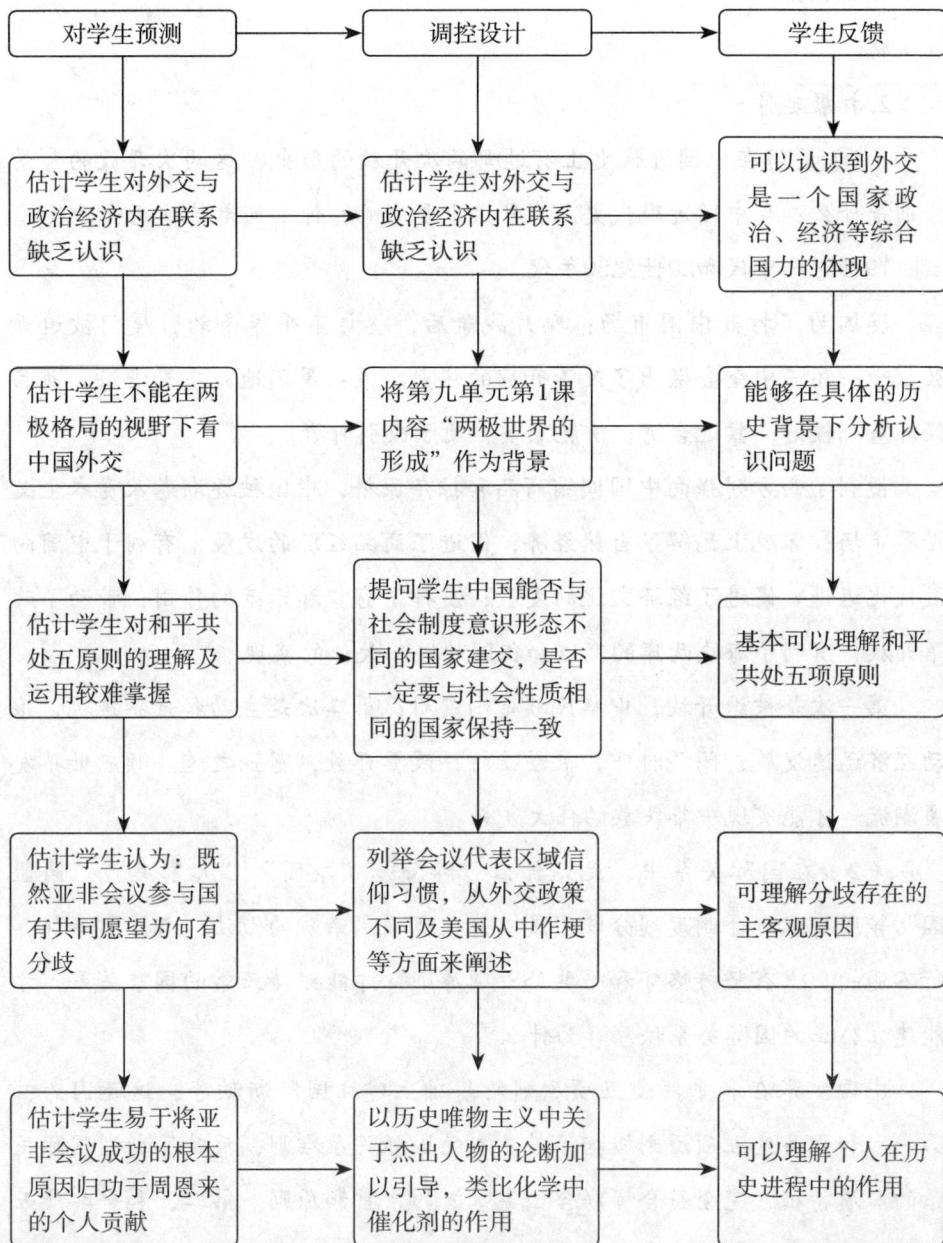

| 对学生预测 | 调控设计 | 学生反馈 |

估计学生对外交与政治经济内在联系缺乏认识 → 估计学生对外交与政治经济内在联系缺乏认识 → 可以认识到外交是一个国家政治、经济等综合国力的体现

估计学生不能在两极格局的视野下看中国外交 → 将第九单元第1课内容"两极世界的形成"作为背景 → 能够在具体的历史背景下分析认识问题

估计学生对和平共处五原则的理解及运用较难掌握 → 提问学生中国能否与社会制度意识形态不同的国家建交，是否一定要与社会性质相同的国家保持一致 → 基本可以理解和平共处五项原则

估计学生认为：既然亚非会议参与国有共同愿望为何有分歧 → 列举会议代表区域信仰习惯，从外交政策不同及美国从中作梗等方面来阐述 → 可理解分歧存在的主客观原因

估计学生易于将亚非会议成功的根本原因归功于周恩来的个人贡献 → 以历史唯物主义中关于杰出人物的论断加以引导，类比化学中催化剂的作用 → 可以理解个人在历史进程中的作用

图4-5-2 流程图

（六）学情评价

1. 知识回归

略。

2. 拓展延伸

（1）厦门在中国近代史上有过哪两次开放的历史？这两次开放的背景分别是什么？在中国近现代史上有什么重要影响？你如何看待这两次开放？

19世纪40年代和20世纪80年代。

英国为了打开中国市场：鸦片战争后，签订不平等条约，厦门被迫开放。十一届三中全会做出了改革开放的伟大决策：厦门地处东南沿海，商品经济基础较好；靠近台湾；侨胞众多，便于吸引外资。

便利了西方列强向中国倾销商品和掠夺原料，中国被逐渐卷入资本主义世界市场；客观上瓦解了自然经济，促进了商品经济的发展，有利于中国向近代化迈进。促进了经济文化的发展；发挥了窗口和示范的作用，带动了改革开放，有利于海峡两岸的交流和祖国的统一大业的实现。

第一次是被迫开放，中华民族走向灾难；第二次是主动和世界接轨，推动经济迅速发展；闭关自守，被动挨打，改革开放，富强之道。顺应世界发展潮流，才能实现中华民族的伟大复兴。

（2）在国际关系中，无论什么"阵营""集团""大家庭""同盟国"等所有以社会制度划分阵线或以价值观确定亲疏的做法，都是靠不住、行不通的。唯有坚持恪守和平共处五项原则，才能维持正常的国家关系，才能建立公正的国际关系秩序。为什么？

中国主张在和平共处五项原则的基础上建立国际新秩序，这还因为：第一，和平共处五项原则概括了最基本的国际关系准则，反映了新型国际关系的本质特征，完全符合《联合国宪章》的宗旨和原则。第二，和平共处五项原则是一套完整的国家行为规范，比其他国际性、区域性的法律原则更全面、更合理。邓小平说："还是五项原则最好，非常明确，干净利落，清清楚楚。我们应当用和平共处五项原则作为指导国际关系的准则，作为指导国与国之间关系的准则。"第三，和平共处五项原则完全、彻底地摆脱了旧国际关系中的不公正、不合理的因素和消极影响，同霸权主义和强权政治针锋相对，符合现代国际关系中的民主精神，反映了国际社会特别是广大发展中国家的共同愿望，体现了时代的特点，符合世界人民的根本利益。

第六节　长风破浪会有时——分析原因和结果

　　人类社会的历史是原因——经过——结果的演变过程。只有正确地分析原因、印证结果才能认识、理解历史发展的规律。正因如此，行思成长教学是很重视引导学生正确分析原因和结果的。

　　在事物的运动发展过程中，任何一种现象都会引起另一种现象的发生，任何一种现象的发生也都是由其他现象所引起的。引起某种现象产生的现象叫作原因，由于某种原因的作用而产生的现象叫作结果。从现象和本质分，原因有直接原因和根本原因；从矛盾方面分，原因有主要原因和次要原因；从主客观方面分，原因有主观原因和客观原因。行思成长教学注重从唯物史观入手分析原因和结果。

一、从生产力与生产关系的矛盾入手

　　生产力决定生产关系，生产力的水平决定生产关系的性质，生产力的发展决定生产关系的变革。生产力和生产关系的矛盾是任何社会发展的根本动力。所以抓住生产力的发展以及生产力与生产关系的矛盾，许多历史现象产生、发展的根本问题就迎刃而解了。例如，春秋末期井田制的瓦解、明朝中后期"机户"的出现、工场代替作坊、工厂代替工场、垄断资本主义的形成等也都是生产力发展的必然结果。

　　在阶级社会里，生产力和生产关系的矛盾，集中地体现为阶级矛盾和阶级斗争，一切社会革命最深刻的根源在于新的生产力和腐朽的生产关系之间的矛盾冲突。在分析革命或改革发生的原因时，就要首先考虑生产力的发展与生产关系的变化情况。例如，17世纪英国资产阶级革命、18世纪法国大革命等中外近代史上的一切资产阶级性质的革命或者改革运动都是资本主义经济的发展受到了诸如封建专制、殖民统治、奴隶制度、分裂割据、封建主义与殖民主义双重压迫等落后的腐朽的生产关系的阻碍，双方矛盾激化的产物。

二、从经济基础和上层建筑的矛盾入手

经济基础决定上层建筑，经济基础的需要决定上层建筑的建立，经济基础的性质决定上层建筑的性质，经济基础的变更决定上层建筑的变更。上层建筑反作用于经济基础，它为经济基础服务，帮助经济基础的形成、巩固和发展。政治制度、法律制度是上层建筑的重要组成部分，分析它们产生和发展的根本原因自然应当从与这一制度相联系的经济基础入手。例如，中国封建社会君主专制的中央集权制度，其建立、发展都是维护封建经济基础的需要。封建经济基础包括封建的地主阶级土地所有制和农民阶级的个体土地私有制，地主阶级需要建立中央集权来保护他们的土地所有制，镇压农民的反抗，小农经济也需要一个强有力的中央政权来维护国家的统一和政权的安定，保证小农经济的生产或再生产。再如，我国古代的闭关锁国政策，其根本原因是中国封建的自给自足的小农经济和封建大国主义思想在对外政策上的反映。历史上的重农抑商政策、秦朝的焚书坑儒、明朝的八股取士、清朝的文字狱等虽然给社会的发展带来了严重的消极后果，但都无法否定其存在的必然性。又如，英国资产阶级革命的爆发是资本主义经济的发展，资产阶级力量的壮大以及英格兰起义造成统治危机这一具体的历史事件共同作用的结果。

三、从社会存在与社会意识的关系入手

历史唯物主义认为，人们的社会存在决定人们的社会意识，物质生活的生产方式制约着整个社会生活、政治生活和精神生活的过程。因而一切重要历史现象产生的终极原因和伟大动力就在于社会经济的发展及生产方式和交换方式的改变，由此产生社会中不同的阶级和这些阶级彼此之间的斗争。因而只要能正确地透视当时的社会存在就一定能找到各种社会意识产生和发展的根源。战国时期，面对社会的变革，众多思想家正是由于其所代表的阶级、集团的利益不同，才形成了"百家争鸣"的局面。例如，墨子主张"兼爱""非攻"，其社会根源是什么？那是因为墨子生活在战国初期，当时社会经历着划时代的变革，封建经济初步形成。随着农业和手工业的发展，小生产者的队伍不断扩大，他们深受剥削和压迫，要求摆脱贫困，渴望温饱富裕。同时，各诸侯国为掠夺土地和人口混战不已，生灵涂炭，生产破坏，广大小生产者厌恶战争，渴望安定。再如，韩非子"集权""法治"思想产生的根源是战国时期封建经济的发展和奴隶制残余势力的存在；而明清时期商品经济的发展与封建专制统治空前强化产生了黄宗羲的反封建、民主的思想；16世纪，随着资本主义经济的发展，中世纪的天主教会逐渐成为束缚西欧各国资本主义发展的精神枷锁，这样西欧各国展开了反对罗马天主教会的宗教改革运动；17—18世纪资本主义经济的发展与封建专制制度的腐朽产生了法国的启蒙思想；19世纪资本主义经济的发展与民族危机的加深产生了中国的维新思想。

四、从内因和外因的关系入手

内因是事物变化的根据，外因是事物变化的条件，外因通过内因而起作用。任何事物内部都有这种矛盾性，因此引起了事物的运动和发展。历史上的变化都是内因、外因共同作用的结果。内因、外因有相对性，如第一

次国共合作的形成是因为国共双方都分别有其必要性和可能性；但从中共方面（内因）来说，国民党方面的必要性和可能性就是外因了；反之亦然。内因可以包括根本原因和具体原因，外因也是这样。对于一个历史事件、一种历史现象，其个性特征是由内、外两方面的因素决定的，虽然在答题时不必把这些道理讲明白，但个人在进行历史认识时不可不具备这些思想观点。事物内部的这种矛盾性是事物发展的根本原因，一事物和其他事物的相互联系和相互影响则是事物发展的第二位原因。例如，太平天国革命失败的根本原因是它是一次没有先进阶级领导的农民战争。由于农民阶级的局限性，太平天国领导人提不出科学的适应时代要求的反封建、反侵略的革命纲领，也不能正确解决革命在发展过程中出现的各种矛盾，形成团结有力的领导核心。同样，辛亥革命失败的根本原因是领导这一革命的资产阶级的软弱性和妥协性。他们不愿意同帝国主义完全决裂，也不敢发动和依靠广大农民群众彻底摧毁封建势力，实行土地制度的改革。中国古代的朝代更替频繁，每个朝代灭亡的根本原因都是统治阶级内部政治上统治腐朽、专制、残暴，经济上土地兼并严重、苛捐杂税沉重导致社会矛盾激化。

五、从历史事件或政权的性质入手

性质是一事物区别于其他事物的特有属性。从性质入手，我们很容易找到一些历史事件或现象的根本原因。例如，明朝后期存在着土地兼并、宦官专权、农民负担沉重等许多严重的问题，试分析这些问题的阶级根源和时代根源。明朝是封建社会，因此阶级根源是封建地主阶级的剥削本质决定了他们必须强占、兼并农民土地并残酷剥削农民；其时代根源是明朝时，我国封建社会已渐趋衰落，封建制度更加腐朽；商品经济的活跃刺激了地主阶级的贪欲。

在分析历史根本原因时，如果我们首先能正确认识历史事件或现象的性质，就可以用所学过的相同性质的历史根本原因去推断。例如，俄国二月革命，我们知道它们的性质都属于资产阶级革命。而资产阶级革命的根本原因又是资本主义经济的发展受到了落后的腐朽的生产关系的阻碍，双方矛盾激化。结合当时的历史，我们不难得知，俄国二月革命的根本原因是沙皇的专制统治严重阻碍了俄国资本主义经济的发展。再如，商鞅变法，其性质是地主阶级的政治改革，而且发生在从奴隶社会向封建社会的转型时期，所以其根本原因是奴隶制的存在严重阻碍了封建地主经济的发展。鸦片战争、甲午中日战争的性质是列强入侵落后国家和地区的殖民战争，故为解决本国经济发展的矛盾，强占原料产地和销售市场是其爆发的根本原因。

六、因事而因

有一些历史现象不能用上述诸观点和方法进行分析，需要就事论事地归在这一类中，如工业革命的原因、资本主义经济发展快慢的原因等。对具体事物进行具体分析的方法是知识结构分析法，如对资本主义经济发展的原因是从政治条件、资本、原料、市场、科技等知识结构进行分析的。

结果是指在一定阶段，事物发展所达到的最后状态。分析结果同样需要运用唯物史观。

1. 从分析历史事件的地位入手

一般说来，比较重大的历史事件，常常冠有"最早""最大""前所未有"等字样，具有划时代的性质。在分析此类历史事件的意义时，就要把它放在整个人类历史或某一个历史阶段中去考察。例如，俄国的十月社会主义革命，这次革命的结果是在地球六分之一的土地上建立了第一个社会主义国家。这一结果决定了这次革命在人类历史上占有极其重要的地位，它的历史意义可以概括为：开辟了人类历史的新纪元，开辟了世界无产阶级革命的新时代，开辟了殖民地、半殖民地人民解放事业的新时代，是世界现代史的开端。类似的历史事件还有五四运动、中国共产党的成立、巴黎公社、世界反法西斯战争的胜利等。

2. 从分析历史事件的影响入手

具体地又可以从对内的影响和对外的影响两方面去分析。例如，抗日战争的意义就可以按此方法去分析，对内它的历史意义在于它是中国人民百余年来反对帝国主义侵略第一次取得完全胜利的全民族解放战争，捍卫了中国的国家主权和领土完整，使中华民族避免了遭受殖民奴役的厄运，为实现中华民族伟大复兴奠定了基础。抗日战争的胜利结束了日本在台湾50年的殖民统治，使台湾回到祖国的怀抱；促进了中华民族的觉醒，使中国人民在精神上、组织上的进步达到了前所未有的高度，人民武装力量得到空前的发展壮大，从而奠定了新民主主义革命最后胜利的基础。对外中国战场作为世界反法西斯战争东方的主战场，牵制和消耗了日军主力，打乱了其侵略计划，支援了同盟国在亚洲和太平洋战场的作战，对世界各国夺取反法西斯战争的胜利和维护世界和平的伟大事业产生了巨大的影响。

3. 从历史事件背景、内容、结果入手分析历史事件的意义

例如，分析戊戌变法的意义时就可以从这三方面进行：从背景上看，戊戌变法是改良派在当时国家面临亡国灭种的危急形势下掀起的一场救亡图存运动，因此戊戌变法是一场爱国运动；从内容上看，戊戌变法主张君主立宪，提倡科学、教育，它又是一场进步的运动；最后从变法的结果看，虽然失败了，但它促进了人们思想的解放，因此它也是一场思想解放运动，为日后的辛亥革命创造了条件，这样就把戊戌变法的意义基本上概括出来了。

当然历史是丰富多彩的，每个历史事件的意义也不尽相同，要想用一个固定的模式把所有的历史事件的意义都罗列出来是不可能的。上述方法也只是对我们分析、理解、掌握历史事件的意义起个辅助作用，而且这作用只有在掌握了历史事件的其他要素的前提下才能发挥出来。

附：

教学示例：人教版《历史》必修一第7课《英国君主立宪制的建立》

【教学目标】

1. 知识与能力

（1）使学生了解光荣革命、《权利法案》、责任内阁等基础知识。

（2）理解英国君主立宪制的含义和英国议会的特点，培养学生概括比较的能力和发现问题、解决问题的能力。

2. 过程与方法

（1）分析史料，培养学生论从史出、史论结合的思维方法。

（2）小组讨论，培养学生一分为二地看待历史现象的思维方法。

3. 情感、态度与价值观

（1）通过学习使学生认识民主与专制斗争的复杂性和曲折性。

（2）培养学生历史唯物主义观，客观地看待英国君主立宪制的建立、发展和完善的过程。

（3）在汲取人类优秀的文明成果的同时，理解资产阶级代议制的局限性。

【教学重难点】

重点：了解《权利法案》制定和责任制内阁形成的史实。

难点：理解英国资产阶级君主立宪制的特点。对君主立宪制的特点进行全面、辩证的分析对于刚刚步入高中阶段的学生来说有一定难度，所以，我通过课件向学生展示史料、组织学生进行讨论活动，再加以适当引导及恰当的总结等途径来解决这个难点。

【教学过程】

（一）君主立宪制建立的背景

1. 背景

（1）经济、阶级基础：17世纪初，英国的资本主义获得较大发展，出现了新兴资产阶级和新贵族。

（2）政治：斯图亚特王朝专制统治侵犯了资产阶级和新贵族的利益，他们要求限制王权，同国王展开斗争。

教师提问：资产阶级和新贵族为什么能限制国王的权力呢？英国历史上就有议会政治的民主传统。

课件链接：指导学生阅读教材36页历史纵横材料，师生共同总结，早期英国议会起源于13世纪，英国通过法律限制王权，推进民主制政治的传统由来已久。

过渡：英国此时在政治和经济上的矛盾如何解决呢？

提示：腐朽的封建专制阻碍了资本主义经济发展，矛盾不可调和，只能用革命方式解决。

2. 过程

（1）1640年爆发革命，查理一世被处死，后建立共和国。

（2）斯图亚特王朝复辟。

（3）1688年的光荣革命标志着英国资产阶级革命的结束。

教师讲述：英国资产阶级革命实现了资产阶级夺取国家政权的愿望，资产阶级革命持续了近半个世纪的时间。

多媒体展示材料：内容略。

光荣革命留下一个深刻的遗产：制度变迁可以用非革命的手段完成……英国历史上再也没有爆发过大规模的流血冲突事件。

——钱乘旦《英国通史》

教师提问：光荣革命"光荣"在何处？

学生回答后，教师总结：通过非暴力方式实现制度变迁，减少动荡，有助于社会稳定。

3. 作用

为后来君主立宪制的确立提供了条件。

（二）君主立宪制的确立、发展和完善

1. 确立：《权利法案》

（1）时间、机构：1689年议会。

合作探究一：多媒体展示材料。

凡未经议会同意，以国王权威停止法律或停止法律实施之僭越权力，为非法行为。

凡未经议会准许，借口国王特权，为国王而征收，或供国王使用而征收金钱，超出议会准许之时限或方式者，皆为非法。

设立审理宗教事务之钦差法庭之指令，以及一切其他同类指令与法庭，皆为非法而有害。除经议会同意之外，平时在本王国内征募或维持常备军，皆属违法。

教师提问：《权利法案》限制了国王的哪些权力？

议会议员之选举应是自由的。

议会之演说自由、辩论或议事之自由，不应在议会之外任何法院或任何地方，受到弹劾或询问。

为申雪一切诉冤，并为修正、加强与维护法律起见，议会应经常集会。

教师提问：《权利法案》规定了议会的哪些权力？

教师讲述：《权利法案》以明确的条文限制国王的权力，约束国王的作为。它一方面从立法权、司法权、军权等方面限制王权，另一方面又将议会所拥有的"自由"和权力用法律的形式加以肯定。

（2）内容。

以明确的法律条文限制国王的权力，保证议会的立法权、财政权等权力。

（3）影响。

① 否定了君权神授的思想，明确君主权力由法律赋予，受到法律严格制约。

② 议会权力超过国王的权力，国王逐渐"统而不治"，英国君主立宪

制确立起来。

③ 资产阶级代议制形成，防止了专制独裁，避免了暴力冲突。（教师指导学生阅读教材，找出代议制的含义）

合作探究二：

有人说："英国革命前是国王的议会，革命后是议会的国王。"请问这句话说明了国王与议会之间的关系发生了怎样的变化？

提示：革命前议会为国王服务，因为国王的权力大于议会。革命后国王为议会服务，因为议会的权力大于国王。（学生自主探究，最后教师总结）

过渡：从此，英国结束了封建君主专制制度，走上了资产阶级政治民主化的道路。我们一起来了解君主立宪制的发展阶段。

2. 发展：责任制内阁的形成

（1）过程。

教师指导学生阅读课本38页第一、二段，归纳责任内阁制的形成过程。

① 光荣革命后，国王经常在一个秘密的小房间中召开内阁会议（传统）。

② 1721年，下院多数党领袖沃波尔经常主持内阁会议，责任制内阁逐渐形成。

（2）内阁的构成。

内阁首脑是首相，内阁成员是各部大臣。

设置问题：首相是如何当选的？有哪些权力？

产生：①由下院大选（普遍直接选举）中获胜的多数党组织内阁

　　　　（政府）。

　　　　②下院多数党领袖任首相，须经国王任命。

首相的权力：①有权提名内阁成员，掌握国家的行政大权。

　　　　　　②通过议会掌握立法权。

　　　　　　③实际上控制着国家大权。

设置问题：各部大臣是如何产生的呢？

各部大臣：首相提名，国王批准。

教师提问：内阁成员与首相的关系是什么？

内阁成员集体负责，在大政方针上保持一致，与首相共进退。

（3）内阁与议会的关系。

多媒体课件展示材料：

最年轻的英国首相

1782年秋，诺思-福克斯内阁因议会通过不信任案，被迫集体辞职。24岁的小皮特上台组阁，再遭议会不信任。但他寻求国王的支持，解散了议会下院，重新选举，最终取胜，反对派议员被驱逐出议会下院。

——阎照祥《英国政治制度史》

最后归纳出：如果议会通过对政府的不信任案，内阁就要垮台；首相也可不辞职，提请国王解散议会，重新选举。

（4）影响。

资产阶级议会政党制度逐渐形成和发展起来。（指导学生阅读教材38页图片"1741年的英国下议院"旁边的一段小字，了解内阁形成后，英国资产阶级议会政党制度的发展过程）

课堂思考：明朝的内阁和英国的内阁，两者有何根本区别？

明朝——皇帝的内侍机构，封建王朝君主专制强化的产物。

英国——国家行政机关，资产阶级民主政治的产物。

根本区别——社会性质的不同。

合作探究三：（中新社伦敦10月10日）英国首相卡梅伦10日在保守党年会上表示，英国必须面对困难的、痛苦的选择，继续执行联合政府制定的削减开支、降低财政赤字的计划。

（1）内阁成员大体上是赞同还是反对？为什么？

（2）女王伊丽莎白二世如果反对，卡梅伦会不会为此改变主意？为什么？

（3）议会中大多数极力反对，结果又会如何？

3. 完善：议会改革

多媒体展示材料：

1689年：拥有一定地产的成年男性才有资格当选为议员。

渐变1：1832年议会改革，新兴工业资产阶级进入议会。

渐变2：19世纪后半期，英国又进行了两次议会改革，成年男子获得了普选权。

渐变3：20世纪初，非贵族出身议员在下院中首次超过半数，这是民主化的又一里程碑。

渐变4：1918年议会通过《人民代表法》，30岁以上有一定财产的妇女首次获得选举权。

渐变5：1928年法律赋予成年女子和男子一样的选举权。

渐变N：世道必进，后胜于今。

教师重点介绍1832年议会改革，指导学生阅读教材37页的内容，分析1832年议会改革的原因、结果和作用。

教师总结概括：经济的发展推动了政治的变革，政治的变革也为经济的发展提供了保障。

教师和学生一起阅读以下材料，最后概括出：议会选举权不断扩大。

合作探究四：多媒体展示国王、内阁、议会的关系示意图，要求学生根据国王、议会、内阁关系图并结合所学知识归纳君主立宪制度的特点。

（三）君主立宪制的影响与启示

1. 影响

多媒体展示材料：

英国留给世界的遗产不仅是工业化、民主化、世界化、城市化——这些现代化有形的标志，而且还创造了一种政体模式，这种模式是通向现代化的有效方式，从某种意义上说，是最成熟的发展方式。

——钱乘旦《英国通史》

指导学生阅读上面的材料，并结合课文内容，归纳君主立宪制的影响：

（1）结束了封建君主专制制度，使英国走上了资产阶级政治民主化的道路。

（2）为资本主义的进一步发展提供了保障。（结合1832年议会改革，得出君主立宪制促进了资本主义的发展）

（3）英国是世界上第一个建立君主立宪制的国家，为其他国家树立了一种政体模式。

展示多媒体图片：今天世界上还有哪些国家实行君主立宪制。

2. 启示

多媒体展示材料：

在世界民主进程中，英国方式以其中庸、妥协而给人以深刻的印象。

———应克复

英国顺利地在旧瓶里装进了新酒，还不至于引起旧瓶爆炸。

———（英）汤因比

经过教师简单介绍，展示多媒体课件：

传承是对历史中优良的事物的继承，只有在传承的基础上才能够更好地创新。

创新是一个民族的灵魂，是一个民族兴旺发达的不竭动力。

教师概括：本节课，我们围绕英国君主立宪制展开了学习，主要内容可以概括为"一，二，三"，即一条主线：英国君主立宪制的确立、发展和完善的过程；二个趋势：国王权力逐渐削弱，议会权力不断加强；三个转移：立法权由国王转移到议会，行政权由国王转移到内阁，政治权力由贵族民主转移到工业资产阶级民主，并下移到公民民主。英国君主立宪制在渐进中发展、完善，在传承中得以创新。

第七节 冲波逆折探回川——提出问题

新课标教学中提出，高中历史要适当转变教学方式，引导学生主动学习，发挥学生的主体地位。行思成长教学符合新课标理念，可以落实新课标要求：教师以理论结合实际的基本理论为指导，以问题设计、引导探究、激活思维、解决问题为教学思路，在探索中进步。学生的思维能力往往是在对问题的思考和分析中慢慢养成的。因此在历史的教学过程中，教师要注重对课堂问题的设计，问题的设计要有深度和广度，从而激发学生的思考探究能力。学生在宽松的民主的课堂上提出自己的问题，学生的思维能力也得到锻炼。

对于学生的认知水平、规律及特点，近代以来的心理学各流派都有深入的研究，形成了各种学习理论。其中，建构主义学习理论认为，学习是学生主动建构知识之意义的过程，学生的学习过程是他们在现有的知识、经验和信念的基础上，对所学的信息进行选择、加工，从而建构起自己对事物的理解，进而使原有的认知系统发生改变，使认知水平得以发展。这就是说，学生的学习并不是被动地接受信息，而是能动地对知识进行处理与转换，主动地建构知识的意义，这种学习的建构过程不仅仅是结构性知识的建构，还有在具体情境中产生的非结构性经验背景的建构。学生具有利用现有知识、经验进行推论的智力潜能，在课堂学习时，他们对知识的接收会以自己的经验为背景，分辨其合理性，而这种从经验背景出发所提出的质疑、假设、判断等，并不是没有根据的怀疑猜测和不着边际的胡思乱想。建构主义理论的意义在于揭示了学生的学习是在自己原有经验的基础上的主动学习，学生是可以成为自己知识的建构者的，从这个意义上讲，学生获得知识的多少取决于他们根据自身经验来建构有关知识的意义之能力，而不是取决于他们记忆或背诵教师讲授内容的能力。

一、提出理解性的问题

例如，鸦片战争是一场什么样的战争？英国历史学家马士认为，鸦片战争是一场"要决定东方和西方之间的国际和商务关系的斗争"。而马克思认为，鸦片战争是英国"旨在维护鸦片贸易而发动和进行的对华战争"。我们认为，这场战争完全是一场英国侵略中国的战争。但是，我们在寻求历史事件爆发的原因，即Why型问题时，不能简单地采取非此即彼的思维模式：这样的模式往往困于预设的"是否型"问题。例如，新教材出示了这样一道题："西方学者说鸦片战争是维护商业的战争，对不对？为什么？"编者通过此题意在引导理解者积极主动地探究鸦片战争的性质，突出了理解者的主体性，但忽视了理解的历史性和学科的人文性。这样，思维的广阔性以至创新性不能不受到一定的限制（虽然有些限制是必要的）。个体认识发展中所呈现的有创意的问题，常常是那些应答域没有明显限度的问题。既然此题为评价题，那么根据理解的历史性特点，我们可以将其放在一个更广阔的历史平台上去观察分析，从而更深刻地理解其性质。为了说明这一点，我们不妨引一段学者的论述：

维护对华鸦片贸易利益的直接现实需要和为英国制成品打开中国市场的强烈愿望相结合，是英国对华发动第一次鸦片战争的根本原因，若只强调其中的一方面而忽视或否认另一方面，就不能对这次战争的动因做出全面、充分、有说服力的解释。从这个意义上说，将这次战争称为"第一次鸦片战争"固然可以，概括为商业贸易战争亦无不可。不过这个商业贸易战争包括强行推销鸦片和英国机器制成品的双重目标。前者是伤天害理的贩毒罪行，后者虽说是为了通商，但英国政府为了实现上述双重目标，采取了完全无视中国主权和领土完整的炮舰政策，悍然发动战争，到中国来攻城略地，烧杀淫掠，强占中国领土，逼签不平等条约。因此，英国发动第一次鸦片战争的动因虽有两重性，这丝毫也不能构成替这次战争的肮脏侵略性和不义性进行辩护的理由①。显然，这种理解的历史性是建立在历史唯物主义和辩证唯物主义历史观之上的，只有充分发展思维的层次性和广阔性，理解才能深刻并富有新意。

在《中国近代经济结构变动》中关于19世纪中国民族资本主义产生的原因这一知识的课堂教学中，我采用了渐进式提问设计方法，设计了一系列的问题来引导学生进行探究。首先提出问题：资本主义产生的基本条件是什么？接着提出问题：为什么我国会在19世纪出现民族资本主义？再接着提问：我国民族资本主义的产生与什么历史事件有关？最后提问：从我国民族资本主义产生的过程中你们有什么体会？这四个问题的渐进式提问，能让学生从事物表面的认识慢慢走向对事物内涵的分析。这样一个教学案例，不仅让学生学习到了中国民族资本主义产生的原因和过程，更重要的是让学生认识到了民族资本主义发展的规律，引发了学生的思考行为。

在《新经济政策的特点》这一课的课堂教学中，我在第一次课堂教学中设计了一个课堂问题："新经济政策的特点是什么？"学生的回答也在我的意料之中，都是回答课本上对新经济政策内容的阐述。我告知学生：你们的回答离题了。因此有学生反映：我不知从什么方面来回答这一问题。针对这一现象，我在第二课时的教学中，设计了这样几个问题，首先提出："战时共产主义政策与新经济政策在内容上有什么不同？"在学生回答后我接着提问："在两者内容不同的方面，你能体会出新经济政策的'新'吗？"这一

①　刘存宽.试论英国发动第一次鸦片战争的双重动因［J］.近代史研究.1998（4）：160-175.

问题提出后，我让学生进行讨论，然后总结出答案。

例如，有些学生提出：资本主义生产关系的萌芽最初出现在意大利，为什么资产阶级革命不是首先在意大利爆发？为什么作为上升时期的地主阶级的代表秦王嬴政发动的大规模的兼并战争是符合当时人民利益的进步战争，而同样处在上升时期的资产阶级代表法兰西第一帝国的皇帝拿破仑的对外战争是"帝国主义战争"（列宁语）？为什么抗日战争初期，国民党战场丧师失地，一溃千里，遭到谴责，而苏联卫国战争初期德军长驱直入，导致苏联大片领土被侵占，也可以说是"一溃千里"，为什么没有遭受非议？类似这些问题，教师可以让学生开展议论，各抒己见，然后予以引导，使他们对问题能有一个正确的认识。

二、提出分析性的问题

学生在学习历史时也要运用逻辑思维进行推理。尽管学生具有的历史知识和掌握的历史资料是有限的，但他们仍然会对历史进行一定的分析、概括、比较、归纳等思维操作，尤其是在历史评价时，学生会在现有知识的基础上进行理性的思考，做出自己的判断。上引学生对赵括的看法，就是学生进行逻辑推理的一种表现。当然，学生的判断、推理不一定严谨和正确，立论的证据支撑也许不充分、不确凿，但仍表明他们在接收某种历史评判时会对其进行筛选和再加工，并且会将他们认为不合逻辑的因素提出来，这就是说，与学生用已有经验、常识作为接受新知识的基础相类似，学生也是以他们所具有的逻辑思想的方式、方法为基础，对要认同的新认识展开进一步的思考，如果新认识符合他们的思维逻辑，便能够将其同化到认知结构中；若是有不相符之处，结果就是提出自己的看法，或质疑所要接受的历史评判。

在《辛亥革命》一课中提出问题："如何对历史事件的成败进行分析？"针对这一问题，学生进行了较长时间的思考，并进行了激烈的讨论，最后得出结论：当时的时代背景和资产阶级的软弱性决定了革命不能成功。

在这一问题教学案例中，采用逆向式问题教学的设计方法，让学生认识到对历史事件的分析要结合时代背景，运用科学辩证法进行全面、深刻地分析，这不仅让学生掌握了知识，又锻炼了学生的思维能力。

三、提出评估性的问题

怎样评价袁世凯、李鸿章？怎样评价辛亥革命、新文化运动？

例如，"在引进西方生产技术方面，你认为洋务运动有哪些经验教训值得我们今天借鉴？""甲午战争以后，清政府向列强大借外债，同今天资本主义国家贷款给我们，二者间有何不同？有条件的地方，学生可向贷款机构做一些调查，然后分析得出答案。"历史本身就像一条汹涌奔腾的大河，昨天、今天、将来融贯一体，难以分割。我们只有以深邃的目光对历史人物和历史事件做出深刻的描绘，才能对今天的发展产生感悟。在教学中我们还可以进行中外对比联想。例如，对洋务运动失败原因的理解，就可以与日本的倒幕运动及明治维新进行比较，在比较的基础上，思考教材的结论："洋务派企图单纯引进西方的先进技术和设备，而不彻底变革封建制度就让国家富强起来，这是导致洋务运动失败的根本原因。"在进行联想时，学生还可能进一步质疑：当时中国的洋务派有像日本维新派变革的社会环境吗？这些是我们在教学中值得深思的。

有一道阅读与思考题：

武夷北苑，夙著茶名，饥不可食，寒不可衣，末业所存，易荒本务。乃至各国通商之初，番舶云集，商民偶沾其利，递至争相慕效，漫山遍野，愈种愈多。苍崖铲为赤壤，清溪泛为黄流……迨近年以来，外洋印度等处产茶日多，行销日滞，富商大贾，历次亏折，裹足不前……而乡僻愚民，犹剔壤挖岩，种植不足，等良田于硗确，置耕织为缓图，递料数年后，工本徒抛，衣食无出，势将坐困……现在种茶之区，市疲山败，民心颇知改悔。

——卞宝第《卞制军政书》

阅读后，请思考：①各国通商之初武夷北苑农民为什么争相种茶？这个变化说明了什么问题？②"现在种茶之区，市疲山败"是什么原因造成的？这说明了什么问题？结合现实，从中应当吸取什么教训呢？此题将学科知识和能力培养的内在联系与学生的认知规律有机地结合起来，既着重知识的层次性和思维的逻辑性，也关照了学生的实践性和创新性。此题提出了三个问题：①各国通商之初，武夷北苑农民争相种茶。②武夷北苑农民由恐"易荒本务"到争相种茶。③"现在种茶之区，市疲山败"。这些问题的求证需根据一定的理论（如价值规律的波动）、一定的方法（如归纳论证）及相关知识（材料所及以及半殖民地半封建社会形成的影响）。我们还可以进一步设问：在入世后的今天，中国农民面对怎样的机遇和挑战？

又如，教材在"戊戌变法"中出现了这样两个结论：①新政内容没有涉及维新派提出的设议院、开国会、定宪法等君主立宪的政治主张，这表明维新派的行动比他们的宣言退步了。②戊戌变法的失败证明，资产阶级改良道路在半殖民地半封建社会的中国是行不通的。对此，特别是对第②点，就有学生提出这样的反思性问题：这样的推导即：改良→维新运动"归于失败"→"资产阶级改良道路在半殖民地半封建社会的中国是行不通的"，是不是有点简单化、片面化（仅就推导求证而言）？虽然根据革命史观，这种结论不难理解，但我们在说明阶级斗争为什么能够推动历史发展的同时，是否还应说明它怎样推动历史的发展，从而注意到历史发展的复杂性。这一点恩格斯给我们做了示范，他在坚持历史唯物论的同时，又充分运用历史合力论来实现历史和逻辑的统一，从而探求历史发展的客观规律。"……把理论应用于任何历史时期，就会比解一个最简单的一次方程式更容易。"[1]至于第一个结论，细心的学生也会通过"小心求证"，从而提出创新性问题：

---

[1] 中共中央马克思恩格斯列宁斯大林著作编译局. 马克思恩格斯选集（第4卷）[M].
北京：人民出版社，1995.

①"维新派的行动"（主要是变法诏书的颁布）是否比"他们的宣言退步了"？②评价历史事件进步与否是否仅以"新政内容没有涉及维新派提出的设议院、开国会、定宪法等君主立宪的政治主张"为标准？新教材所涉及维新派的宣言，如公车上书、保国会的宗旨，甚至资产阶级维新派实际的施政纲领《应诏统筹全局折》都没有开国会等君主立宪的政治主张，《定国是诏》是其逻辑的延伸。而且由于光绪帝的软弱，特别是封建顽固势力的强大，维新派更有必要强调手段的策略性。因此，不能说他们"退步"了。列宁说："判断历史功绩，不是根据历史活动家有没有提供所要求的东西，而是根据他们比他们的前辈提供了新的东西。"只要这个"新的东西"具有强大的生命力，符合客观规律，虽然其在开始时十分弱小，甚至有不少缺点或不足，但这个"新的东西"就是进步的。对一个短时期内爆发的历史事件如何下一个科学的结论呢？"一场改革运动的政治纲领往往有一个演变完善的过程，并具有阶段性的改革任务及出台举措，故其性质也应该放在一个稍长的历史阶段来加以分析判断。"对于维新变法的历史地位和历史意义，新教材做了充分的肯定，但有些结论似嫌不足。"历史学习，追求的主要不是结论，而是得出历史判断的思维能力。因此，我们的教科书将尽可能地少写现成的结论，就是写结论也是以介绍观点的方式，重视的是引导学生自己依据材料去得出认识。"①我们在教学时，仅把结论当作一个模型——思考问题的视角，引导学生进行开放性理解，从而发展学生的历史思维能力，这一环节是至关重要的。

四、提出假设性的问题

认识历史的基础是通过对历史的感知，从而形成历史的表象，学生在接

---

① 张桂芳.历史课观程和历史教材改革的主要目标［J］.历史教学，2001（8）：26-28.

受历史信息的过程中，他们的形象思维操作有时是比较主动和活跃的，尤其是其联想和想象的开展，可将抽象的历史信息活化。但如果有限的信息限制了学生的形象思维运作，他们的头脑中就会产生出问题来。例如，学生对史事细节的追寻，对既定知识的深层探究，就是由于现有的知识信息尚不足以构成学生头脑中的历史表象，使他们想了解更多的具体信息，在学生感知历史的过程中，他们的联想力和想象力经常会发生作用。

在历史教学中有时会出现这样的情况：学生并不只是思考"为什么是这样"，还琢磨着"如果不是这样，那会是怎样？"这方面的例子有不少，在《辛亥革命》这一课的教学中，笔者设计了这样一个问题："有些人认为，假如孙中山未能将临时大总统的位置交于袁世凯，辛亥革命就会取得成功。对于这一说法你们是怎么看的？"由于这一问题的设计不是为了引发简单的课堂讨论，是为了通过这样一个问题来讲授知识，这就要求学生用辩证的思维方式，结合历史背景来讨论。在经过几分钟的思考后，学生进行了激烈的讨论，很快也分成了两个阵营。认同上一说法的学生给出的理由是辛亥革命建立起了中华民国，并提出了民主共和的观念，由于民主自由的观念已深入人心，若是由孙中山先生进行领导，就会在原有的革命成果上将革命推向成功。认为不能成功的学生则认为革命失败的主要原因是缺乏群众基础，所以不论是孙中山还是袁世凯都不能带领革命走向成功。

在历史教学中，历史知识体系是相对成型的，搭建一个学习平台，供学生在上面进行认识历史的活动，这就要求教师既要对其重视，又要不被其限制。如果拘泥和局限在现成体系里，紧盯台面，画地为牢，教师的专业素养难以拓展提升，学生的学习需求也难以满足，甚至会导致学生的历史学习成为对台面知识的机械储运，而脱离了历史学习的本意。所以，历史教师要将学科素养看得与教学理念同样重要，注重加强自己的史学功底。有了一桶水的史学功底，拿出一杯水时就显得游刃有余，面对学生提出的问题就可以迎刃而解了。

教学是教师与学生双边的活动，二者之间的互动、交流和合作是教学活动展开的必要条件。在以书本知识为主的教学中，学生多是处在被动学习的状态，是被教师和教材所左右的，其学习的动机、兴趣、策略等是被束缚着的。在行思成长教学中，当学生在教学关系中的主体地位被重视起来，他们的主体意识必然增强，他们的思维潜能就会表现出来，一改被动的学习方式，主动地进行思维，积极地参与教学，甚至去促进教师提出一些有难度的问题，这应该是教师乐于见到的。学生的主动探究也推动教师不断地调整自己的教学策略，更好地与学生共同完成教学任务。

历史学习的对象是过往的史事，要使学生发生对历史的认知活动，很重要的手段是引导学生尽可能地贴近历史的实际，了解历史的实况。这就要努力创设历史情境，并使学生进入情境，观察和感受到情境下的历史。学生头脑中历史情境的生成是要建立在具体的历史信息的基础上的。信息越具体、全面，建构出来的历史情境就越清晰，越有认识上的意义；而过于笼统的、粗略的、零散的信息，不利于学生形成历史的表象。因此，行思成长教学注意史事的过程、脉络、重点细节等内容及相关材料的提供，以有助于学生探寻到历史的实际，从而加以把握和进行探究。

建构主义理论认为，学生的认知是以原有的经验为基础的而历史上所发生的情况又是千变万化的，与学生现有的生活经验肯定会产生冲突，所谓"不愤不启，不悱不发"，这种冲突并不是认知的障碍，而应看作认知发生的条件，教师要先让学生积极思考，再进行适时启发。从学习与发展的角度上讲，教学就是要对学生的经验判断加以激活、丰富和提升。因此，教师要尽可能地了解学生的认知水平及特点，找准他们思维发展的连接点，有效地利用学生已具备的常识、经验和已有的知识以及思维的方法、习惯等，主动地设计和提出有探究意义的问题，以引导学生积极思考，促进学生在学习时进行正迁移，从而促使他们的认知结构发生新的变化，提升历史学科素养，助推学生成长。

行思成长教学尤其重视情境的创设和问题的提出，多角度去看待历史事物，如在教授《新航路的开辟》时，就应该着眼于多角度认识新航路开辟的影响。

第一，从欧洲视角看，新航路开辟对欧洲的总体影响是促进欧洲社会转型与近代化进程，加速欧洲封建制度的瓦解，促进欧洲资本主义的发展。具体而言，在经济方面，增加欧洲资本原始积累，促进欧洲工商业和资本主义经济发展；引起商业革命，欧洲市场商品增多，贸易范围扩大，欧洲商业贸易格局发生重大转变，商贸中心从地中海转到大西洋沿岸；引起价格革命，金银贬值，商品价格上涨；物价上涨，导致劳动人民实际收入减少，日益贫困；冲击并打乱传统经济关系，封建领主和商业资产阶级既竞争又合作；资产阶级为开办工厂与农民争夺土地，抬高欧洲地租，地主更愿意将土地租给资产阶级而不是农民（领主对农民实行固定地租，考虑金银贬值，地主实际收入在减少）；由于资本主义经济扩展，英国的圈地运动也随之发展演变，并扩展到其他国家和地区，圈地运动的时间无限期延长；服务于海上贸易的特权贸易公司、股权公司和证券交易所出现，欧洲商业经营方式发生重大转变，近代企业和金融业兴起并不断发展。在政治方面，封建领主和商业资产阶级的力量此消彼长，部分领主和地主进行资产阶级性质的经营，资产阶级壮大，为后来的欧洲资产阶级革命准备力量；资本主义与封建生产两种新旧生产关系的冲突使得封建制度日益成为资本主义发展的障碍，资产阶级在经济上崛起后日益追求政治权力，欧洲资产阶级革命的必要性日益凸显；促进世俗权利的发展和导致宗教权威的衰落；加速国家认同，促进欧洲民族国家的形成（如葡萄牙等）；欧洲格局发生重大变化，大西洋沿岸的西班牙、葡萄牙、英国等国家实力增强，逐步取代地中海地区的意大利等国，成为欧洲乃至世界的中心。在对外政策方面，作为资本原始积累重要手段的殖民扩张和殖民掠夺登上历史舞台，资本主义世界殖民体系逐步得以建立。在思想文化与科技方面，促进欧洲基督教的传播，同时其他地区文化传入欧洲，欧洲文化更加多元；冲击着欧洲天主教的神学思想，天主教的思想控制和思想权威受到较大挑战；新航路开辟过程中人类的作用得以凸显，促进思想解放，推动文艺复兴的扩展和人文精神的发展，促进资产阶级思想的发展和传播；推动欧洲教育的发展，尤其对大学的专业和课程设置产生了较大影响，如巴黎大学、牛津大学、剑桥大学等；推动欧洲文化艺术的发展与繁荣（服务于资产阶级和市民阶层）；促进欧洲造船、航海技术的进步，推动欧洲近代自然科学的兴起和发展。在社会生活方面，工商业和资本主义经济发展使欧洲市民阶层兴起；欧洲物质和社会生活更加丰富多样（戏剧、音乐等发展）；欧洲社会生活城市化进程加快。

第二，从亚非拉视角看，新航路的开辟对亚非拉的总体影响是文明的冲突。新航路对亚非拉传统社会秩序的剧烈冲击，在客观上也推动了社会转型。在政治方面，新航路及随之而来的殖民扩张给亚非拉国家带来了空前的灾难（物资被掠夺，家园被毁，环境被破坏，由战争带来的社会动荡，人口被屠杀和贩卖等）；给原有的社会秩序和政治统治带来巨大挑战，国家主权受到极大挑战，打乱甚至中断亚非拉地区原有社会发展进程；新航路和随之而来的殖民扩张，使亚非拉逐步沦为殖民地、半殖民地，主权沦丧，欧洲对亚非拉地区的政治控制和渗透加强，致使亚非拉逐步卷入资本主义世界殖民体系；引起非洲部落间的斗争，造成非洲混乱升级（从欧洲人手里获得新武器的部落可以轻易俘获奴隶，这些部落也参与黑奴贸易）；亚非拉国家与欧洲国家之间矛盾与冲突不断加剧；新航路和随之而来的殖民扩张，对后来亚洲人民的觉醒（民族民主革命运动）有一定影响；加剧了亚非拉国家内部矛盾，封建社会内部的革命因素迅速发展。在经济方面，亚非拉地区成为欧洲的原料产地和商品市场，逐步被迫卷入世界贸易体系；亚非拉地区资源被大量掠夺抢占，人口锐减，极大地制约了亚非拉地区的经济发展；东方从属于西方的世界经济秩序逐步形成，亚非拉地区成为欧洲经济的附庸，加剧了东方的贫穷落后；先进的生产方式、技术和生产关系的传入，在客观上也推动了这些地区的社会转型与近代化进程，推动了各国的社会转型与变革。在思想文化与科技方面，新航路和随之而来的殖民扩张对亚非拉造成极大的文明冲突，给原有文明带来极大破坏，甚至是毁灭性的打击（如印第安文明）；欧洲资产阶级先进思想文化的传入也促进亚非拉地区的思想解放、文化教育发展，促进新思想的产生，推动亚非拉地区文化多元发展和科技进步。

第三，从全球视角看，新航路的开辟对全球的总体影响是世界发展的整体性与一体化趋势，世界市场的形成，文明的冲突与交融。在人类历史与地理方面，改变了世界形式和历史发展进程，人类社会进入全面更新时代；资产阶级登上历史舞台，人类社会进入大变革的时代；初步建立起环球交通网络；加强了欧洲同亚洲、非洲、美洲等地的联系，人类第一次建立起跨越大陆和海洋的前全球性联系，打破了各个文明区域间孤立、分散、隔绝的状态，全球联系的初步建立使世界从分散逐步连成一个整体，真正意义的世界史由此开始；改变了世界人文地理格局和自然环境状态。在政治方面，推动世界格局的演变，欧洲逐渐成为世界经济、政治的中心，东方逐渐从属于西方；世界各国力量对比发生重大变化，西班牙、葡萄牙实力超越传统欧洲中心地位的意大利等国；荷兰、法国、英国又后来居上，世界霸主地位不断更迭；亚洲古老帝国也受到不小的冲击；推动近代民族国家观念和主权意识的形成；亚非拉国家与欧洲国家之间、欧洲殖民国家之间矛盾不断加剧；早期霸权主义产生，殖民战争和争霸战争不断，导致国际关系紧张，世界政局持续动荡；各国海洋主权和海洋开发意识逐渐形成；加剧世界各国政治、经济发展的不平衡，尤其是东西方差距日益拉大。在经济方面，世界各地建立起广泛的直接商业联系，不同国家和地区间的贸易迅速发展，地区性贸易开始向世界性贸易扩展，贸易数量、规模和贸易品种急剧增加；新航路的开辟为世界贸易提供了联结通道，推动世界市场逐步形成，以欧洲为中心的世界市场体系和经济秩序逐步建立；全球海上贸易格局转变，从传统的印度洋贸易为主，变为印度洋贸易与新兴大西洋贸易、太平洋贸易三条海上线路齐头并进的态势；海路贸易的重要性和地位凸显，海上贸易据点广泛建立（如澳门），海上贸易网络逐渐形成；欧洲商人与阿拉伯商人展开竞争，并很快占据优势（实质是新旧贸易方式的竞争，是传统陆路贸易与新兴海上贸易的竞争）；玉米、甘薯等作物的传播增加了全球粮食产量，进而促进人口增长。在思想文化与科技方面，新航路的开辟证明了地圆说的正确性，直接冲击了神学理论，冲击宗教思想的束缚，打击了教会的权威，促进思想解放；新航路的开辟丰富和发展了人类地理知识，开阔了人们的眼界和认识世界的视野，促进宇宙观念的更新（如天圆地方观念的改变等）；扩大天主教在全世界的传播和影响范围；促进资产阶级思想、文艺复兴、人文精神在全球的传播和影响范围，促进各地思想观念的变化；新航路的开辟也证明了人类自身的伟大力量，把人的注意力转移到现实世界来，激发人们探索科学的热忱，推动自然科学的发展。在文明交流及其弊端方面，推动各地文明的冲突与交流，促成人类文明的交融，各地文明日益多元化；打破世界原有相对平衡的多元文明格局，一定程度上体现文化趋同；促进商品、人口和物种的全球性流通，族群混合与物种混血现象较为普遍；日益丰富的物品，改变着世界各地的饮食结构和生活习惯，如欧洲饮茶之风、穿丝绸之风，香料更是成为饮食必需品；对世界各地资源的掠夺和开发导致自然和生态环境的破坏；人口和物种的全球流动也导致传染性疾病的传播范围扩大，天花、麻疹等造成美洲、大洋洲、非洲、欧洲大量人口死亡（疾病的传播也是欧洲能在美洲迅速建立起殖民地的重要原因）；烟草、雪茄等的传播也带来全球健康问题。

　　第四，从中国视角看，新航路的开辟对中国的总体影响是传统统治秩序面临前所未有的新情况；客观上带来社会进步与转型契机。在政治方面，新航路开辟后，西方殖民者随之东来，开始侵略中国东南沿海地区，中华民族的反抗斗争也由此开始（葡萄牙侵占澳门，荷兰入侵台湾），传统统治秩序和社会秩序受到挑战；中国海防危机初步显现；西方传教士干涉中国内政，引发了"禁教"事件，中国与西方的矛盾冲突加剧。在经济方面，为保护小农经济和防止外来侵略，明清统治者推行"海禁"和闭关锁国政策，直接阻碍了中国与西方国家之间的正常的经济文化交流；西方殖民者的东来，在客观上对中国商品经济发展和中外经济联系起了一定的积极作用；玉米、甘薯等高产作物的引进推动中国贫瘠地区的开发，提高土地利用率，推动农产品商品化和农业经济结构的变动；新航路给中国带来了新的农作物，促进了中国农业生产的发展，在一定程度上缓和了中国因人口迅速增长所面临的粮食压力，有利于中国社会的稳定和经济的发展；烟草等经济作物的传入也有利于中国农产品商品化和农业经济结构的变动；日本与美洲大量白银流入中国，进一步推动中国东南沿海经济发展，进一步推动白银成为明清时期的主要货币；同时，围绕白银流入中国的贸易网络体系形成；中国成为世界贸易体系的重要一环，茶、丝、瓷器等商品出口欧洲，外国白银流入，澳门成为世界航路重要据点；17世纪外国货币开始在中国流通。在思想文化与科技方面，西方思想文化随着传教士的到来而传入中国，第一股"西学东渐"的潮流兴起；西方思想文化的传入引发剧烈的文化冲突，也促进了文化的交融；西方思想文化的传入对明清时期李贽、黄宗羲等进步思想的产生有一定影响；随着传教士的到来，西方自然科学知识和科学技术逐步传入中国，有利于科技进步；西方自然科学知识和思想文化的传入，尤其是地理知识的传入，开阔了国人的视野和眼界，给传统思想带来一定的冲击，国人对世界的认识有一定的改观，传统的华夷观念有一定程度的变化。在社会生活方面，世界各地商品和物品的传入，丰富了中国的物质和文化生活（如西洋镜等），改变了中国人的饮食结构和生活习惯。

行思成长教学正是这样建立在具体的历史信息的基础上，多视角看问题，因为信息越具体、全面，建构出来的历史情境就越清晰，越有认识上的意义，教师有效地利用学生已具备的常识、经验和已有的知识以及思维的方法、习惯等，主动地设计和提出有探究意义的问题，以引导学生积极思考，促进学生在学习时实现正迁移。

附：

教学示例：高三复习课《两宋文明》

【设计思想】

本课的设计从学生的学情出发，设定史料分析能力的培养目标；变书本知识的传授为自己动脑、分析问题能力的培养，打破传统知识传授式教学框架，以"教学生学会学习"为主线，从内容上打破了原有教材以政治、经济、文化三个主题为划分依据的框架，以通史为主题的内容安排，从十个视角看两宋，注意突出历史事件彼此之间的关联性，向学生呈现宋代发展的历史原貌，让学生能够更加全面和客观地对宋代发展做出整体认识。

【学情分析】

本次授课面向的学生是高三年级的学生。从知识储备上来看，学生已经完成了必修内容的学习，对于宋朝的基本发展状况有了一定的认识，但是理解较为僵化，仅局限于主流评价观点，缺乏全面思考，并且对于细节知识点可能存在记忆模糊不全的状况，史料阅读方面能力有待提高，但是，拥有较强的好奇心以及参与意识，对于小组合作这一学习方式接受度尚可，课堂氛围较好。

【教学目标】

整合三本必修中关于宋朝政治、经济和文化的相关知识点，培养学生的史料阅读能力以及历史理解能力，并且掌握历史评价的基本原则。通过小组讨论以及自行做题相结合的方法，既通过交流让学生学会彼此之间在思路上取长补短，同时也避免了剥夺其自主思考的过程，让学生在学习方法上得到一定的提升。通过对宋朝发展较为全面的分析，既要吸取造成其积贫积弱的教训，也要看到宋朝经济文化发展取得的辉煌成就，加深学生的民族自豪感，进一步培养民族精神。

【教学重难点】

教学重点是对于宋代政治、经济及文化发展相关知识点的落实，教学难点是理解经济革命的概念以及了解为何对于宋朝会出现不同的评价，即掌握历史评价的原则及影响评价的因素。

【教学过程】

1. 课前展示

多媒体呈现有关全国卷宋代考点，引导学生回忆做过的历年高考真题，引导学生关注宋代。

（设计意图：课堂展示主要就是引导学生关注宋代的复习，以及明确这堂课的复习目标。）

2. 整体感知

多媒体呈现两宋的疆域图，画时间轴，归纳阶段特征。政治上：专制主义中央集权制度加强，但造成了积贫积弱的后果。汉族和少数民族文化相互交融。经济上：①经济重心南移的趋势加强并在南宋时最终完成；②农业、手工业、商业全面发展，使中华的农耕文明达到新的高度；③土地兼并更为激烈，租佃经营比较流行。文化上：高度繁荣，尤其是科技领域内的发明创造出现高峰；多元化、市民化的文学艺术作品涌现，是中华文明继续发展阶段；儒家思想博采众长，发展成理学。

（设计意图：整体感知两宋，形成整体印象。落实核心素养的时空观念，尤其是对地图的解读。找到长城和黄河的位置，明确宋代建立之初所应对的外部环境。）

3. 从社会转型看两宋

材料一：

宋代到清代的历史进程中有过三次商业革命：第一次是宋代商业革命，第二次是明清商业革命，第三次是近代商业革命，出现以通商口岸为核心的近代化商业群落。

——陈锋、张建民主编《中国经济史纲要》

材料二：

宋代是继汉初之后的又一个商业繁荣期，商业化的浪潮席卷整个宋朝国境，"货殖之事益急，商贾之事益重"。一位宋朝人看到，"人家有钱本，多是停塌、解质，舟舡往来兴贩，岂肯闲着钱买金在家顿放"？宋朝人家有了闲钱，即拿出来投资。一些汉学家甚至提出，宋代"发生了一场名副其实的商业革命"。

——吴钩《宋代中国已迈入了近代的门槛》

材料三：

唐宋之际，中国社会发生了一个非常深刻的大变迁：唐代有部曲，是世世代代为门阀世族耕种的农奴，没有独立户籍；唐代的奴婢也不具备独立的法律人格，不独立编户，是附依于主家的贱户；入宋之后，随着门阀世族的瓦解，部曲与贱户都成了自由民。宋代的佃户与地主不再存在人身上的依附关系，只是结成经济上的租佃关系，租佃关系基于双方的自愿结合，以契约为证。这样一种结构性的社会变革，核心意义就是"契约化"——从"人身依附"向"契约关系"转型。

——吴钩《宋代中国已迈入了近代的门槛》

根据以上材料，结合所学，概括宋代社会转型的具体表现。

经过师生共同探讨，得出结论：

经济：商业发展，坊市界限被打破，海外贸易发达，纸币出现。

阶级：市民阶层兴起，门阀世族瓦解，人身依附关系淡化。

思想：理学兴起，适应市民阶层文化需求的词、风俗画、话本等文化作品繁荣。

科技：活字印刷术、指南针。

进一步延伸，日本学者内藤湖南认为"唐朝是中世纪的结束，宋代是近代的开端"；宫崎市定强调宋代是"东方文艺复兴"；汤因比说宋代是文的扩展，是文化中国；费正清《中国新史》中称宋代是"中国最伟大的时代"。中外史学家对宋代的高度评价都可以从宋代的具体史实中寻得证据。

（设计意图：学生体验有了整体认识，用具体史实去验证史学观点。宋朝的"转型"跟传统意义上从封建社会向资本主义社会"转型"的含义是有所区别的，宋朝的"转型"更多的是封建社会走向衰落、逐渐封闭内化的过程。）

4. 从《朱子语类》看两宋

本朝鉴五代藩镇之弊，兵也收了，财也收了，赏罚行政，一切收了，州郡逐日就困弱。

——《朱子语类》

师生共同探讨，画出宋代的政治权力运行简图（图4-7-1）。

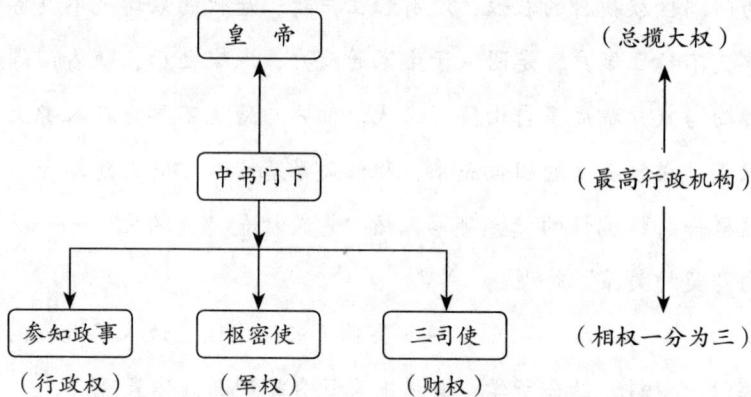

图4-7-1 宋代的政治权力运行简图

归纳得出统治者鉴于唐后期军阀割据、政局动荡的历史教训，采取措施：中央派文官出任地方知州；设诸路转运司综理地方财政，保证各州赋税绝大部分上缴朝廷；将地方精锐部队编入禁军，分别拱卫京师和镇守地方，定期更换驻地；制定了崇文抑武的方针；罢免宿将兵权，用文官担任枢密院长官；大力提倡文治，扩大科举规模，抬高文官和士人的地位。

（设计意图：从政治制度上认识两宋，理解宋代中央集权加强、战乱、冗兵、冗官、冗费，导致积贫积弱出现的原因。引导学生对宋朝为加强中央集权、君主专制所采取的措施，整合书本知识。）

5. 从农业看两宋

宋代的农业革命：农业工具的划时代改进、水利建设的全国性高潮、耕作技术和耕作制度的重大变革、粮食单位面积产量的提高，标志着宋代农业生产迈上一个新的台阶。何炳棣称之为"农业革命"，吴承明称之为"绿色革命"。

耕作革命：

宋初从越南引进占城稻，选育后生长周期缩短，加上耕作技术的进步，一年一熟向一年两熟甚至三熟过渡。甘蔗、棉花、茶叶、桑麻等经济作物的种植范围也较之前扩大。

兴修水利：

1070—1076年的六七年间，兴建10 793处水利工程，从中受益的民田达36 177 888亩、官田191 539亩。

——《宋代经济史》

产量提高：

汉代每个劳动力年产粮食4 320斤，唐代4 806斤，宋代6 231斤，比唐代提高30%。

——《中国大通史·宋卷》

对农民的盘剥：

宋代在全部继承前代各种杂税的同时，又创立了新的科敛……买卖牛羊有税，粜卖粮食也有税；买卖田宅有税（田契钱等），修房盖屋也有税（木税）；牛活着有税，牛死了也还纳税（牛皮钱）……

——《宋代经济史》

古者刻剥之法，本朝皆备。

———朱熹

两宋300多年的历史，发生400多次农民起义。虽没有全国性规模的起义，但数量之多空前绝后。宋徽宗宣和元年，宋江聚众在梁山泊起义，后接受朝廷招安，成为宋官军的一部分。其事迹被后世不断演绎，成为《水浒传》的历史原型素材。

（设计意图：从农业经济视角看两宋，感知两宋农业的繁荣，同时认识封建社会下农民的悲惨命运。）

6.从贸易看两宋

材料一：

宋代瓷器。

材料二：

南宋海船。

材料三：

宋代铜钱在女真金国统治地区是作为通货在市场上使用的……从白山黑水，到岭峤海南，当时中国虽然形成宋金对峙，但货币却冲破了这种政治障碍，成为连接广大地区的一个极为重要的经济纽带了。

——《宋代经济史》

材料四：

今世俗之贪鄙者，将娶妇，先问资妆之厚薄；将嫁女，先问聘财之多少。

——司马光《书仪》

材料五：

商藉农而立，农赖商而行，求以相补，而非求以相病。

——陈亮《四弊》

材料六：

白素贞与许仙自由相恋、济公游戏人间维持正义等故事体现出的新价值取向。

师生共同探讨，认识到两宋时期手工业生产有很大进步，各种手工业作坊的规模和内部分工的细密程度都超越前代。生产技术发展显著，产品的种类、数量大为增加，产品的质量明显改进。最杰出的要算是北宋时期的各种瓷器了。两宋的瓷器不论在产量还是制作技术上，比前代都有很大提高。当时，烧造瓷器的窑户遍布全国各地，所造瓷器各具特色。官窑、钧窑、汝窑、定窑和哥窑是北宋五大名窑。真宗景德年间，在江西新平设官窑，所造进贡瓷器的器底书"景德年制"四字，这就是后来驰名中外的景德镇瓷器。宋瓷不仅是生活日用品，而且是精美的工艺美术品。北宋瓷器大量运销国外，在亚非各地都有大量出土，这证明瓷器是当时的重要输出品。宋瓷已成为中国古代著名的艺术品而享誉海内外。一个是繁盛的海上丝绸之路，北宋除广州外，又设海上丝绸之路。在杭州、明州、泉州、密州（今山东诸城）、秀州（今浙江嘉兴）等五地设市舶司，使外贸规模成倍扩大。典型的史实是南海一号的水下考古。另一个是边境贸易，榷场的出现搭建了两宋边境居民和少数民族的贸易往来平台，贸易带来和平。贸易的兴盛使人们的观念发生变化，出现了拜金观念、重商意识和新的价值观。

（设计意图：从对外贸易的视角感知两宋，认识到两宋商品经济繁荣，对外贸易发达。）

7. 从城市生活看两宋

多媒体呈现《清明上河图》，了解这幅中国绘画史上不朽的佳作，作者北宋张择端，作品宽24.8厘米，长528.7厘米，以长卷形式，采用散点透视的构图法，描绘了北宋京城汴梁以及汴河两岸的景象和自然风光，也是北宋城市经济情况的写照，共绘了814个各色人物，牛、骡、驴等牲畜73匹，车、轿20多辆，大小船只29艘，房屋、桥梁、城楼等各有特色，体现了宋代建筑的特征。这幅画具有很高的历史价值和艺术价值。对了解北宋的城市面貌和当时各阶层人民的生活具有极高的史料价值。

材料一：辐辏骈集，数倍土著，今之富商大贾，往往而是。

——李心传《建炎以来系年要录》

材料二：杭城大街，买卖昼夜不绝，夜交三四鼓，游人始稀；五鼓钟鸣，卖早市者又开店矣。

——吴自牧《梦粱录》

材料三：自大内和宁门外新路南北，早间珠玉珍异及花果时新、海鲜、野味、奇器，天下所无者，悉集于此。

——耐得翁《都城纪胜》

材料四：宋孝宗时超过北宋杭州的人口，达到26万户，至南宋末年则有38余万户，120余万口。

——赵毅、赵轶峰《中国古代史》

师生共同探讨，达成对宋朝的城市经济发展特点的认识：都市商业繁荣，大街小巷都分布着店铺和作坊，城市的商业化气息极浓（打破市坊界限）；经商时间长，基本上是日夜相继（夜市）；服务行业相对发达，娱乐活动商业化（瓦肆）；方便贸易的纸币出现（交子）；水陆交通发达，对外贸易活跃（指南针，造船技术）；有一定的经营理念与经营手段（广告）；商业活动不再受到官吏的直接监管（管理）。

宋朝经济的繁荣促进了市场竞争，各个行业都有着自己独特的经营方式，多数商家利用"广告"进行角逐。宋代商人拥有较强的广告意识，其根本原因在于追求经济利益，客观原因在于他们处于激烈的市场竞争中以及受当时社会思想文化的影响，商人们在广告上大做文章，宋代出现了诸如声响广告、商品展示类广告、悬挂式广告、媒介广告、节日广告等一系列的广告形式。

（设计意图：从城市生活感知两宋的繁盛，漕运发达，商贩云集；店铺林立，坊市界限被打破，商业繁荣，对外交流频繁。）

8. 从社会福利看两宋

材料一：

义庄、义田始于北宋，范仲淹为创始者。他入仕后用禄赐置田产千亩，用于赡养救济族人。自此以后，义田在封建士大夫的推动下发展起来。义庄的产生源于宋代经济、社会的重大变化。贫富分化造成的阶级矛盾在尊祖睦族这温情脉脉的面纱之下得以缓和。

材料二：

北宋末年，近似今养老院、福利院的居养院，近似今公立医院的安济坊，近似今公墓的漏泽园相继成立……（有些记载）可能不无夸张，纵或有之，也应是偶或的特殊现象。在京师及大中城市实施较好，而在州县，不少徒有虚名。

——《中国大通史·宋卷》

材料三：

每坊巷三百步许，有军巡铺屋一所，铺兵五人，夜间巡警收领公事。又于高处砖砌望火楼，楼上有人卓望。下有官屋数间，屯驻军兵百余人，及有救火家事，谓如大小桶、洒子、麻搭、斧锯、梯子、火叉、大索、铁猫儿之类。每遇有遗火去处，则有马军奔报军厢主马步军、殿前三衙、开封府各领军级扑灭，不劳百姓。

——《东京梦华录》

（设计意图：从社会福利视角看两宋，义庄、义田、养老院、福利院、安济坊、漏泽园，甚至出现最早的消防局，印证了日本学者内藤湖南认为"宋代是近代的开端"的说法。）

9. 从三大发明看两宋

材料一：

我们若要观察新发明的力量、效能和结果，最显著的例子便是印刷术、火药和指南针了……历史上没有任何帝国、宗教或显赫人物能比这三大发明对人类的事物有更大的影响力。

——培根

材料二：

火药、罗盘、印刷术——这是预示资产阶级社会到来的三项伟大发明。火药把骑士阶层炸得粉碎，罗盘打开了世界市场并建立了殖民地，而印刷术却变成新教的工具，并且一般地说变成科学复兴的手段，变成创造精神发展的必要前提的最强大的推动力。

——马克思

结合上述材料，分析三大发明对世界文明发展的贡献。

师生共同探讨，认识到火药的使用摧毁了欧洲的封建堡垒，加速了欧洲封建制度的解体；指南针推动新航路的开辟，使世界由彼此隔绝成为相互联系的整体；印刷术促进了文化的传播，推动了欧洲的文艺复兴和宗教改革运动。

（设计意图：从三大发明视角看两宋，构建两宋科技发达的图景。）

10. 从程朱理学看两宋

材料一（表4-7-1）：

表4-7-1　程朱理学

理论	程颢、程颐	朱熹（集大成者）
唯心论	天理是万物本原，先有理后有物（核心）	理之源在于天理，先有理后有气
道德观	把天理和伦理道德直接联系起来，如"人伦者，天理也"	天理就是三纲五常"存天理，灭人欲"
认识论	通过"格物致知"的方法去把握"理"	"格物致知"深化："物"是指天理、人伦圣言、世故。目的在于明道德之善
哲学流派	客观唯心主义	

材料二：

程朱理学反映了近代科学的立足点……和近代科学上所用的某些概念并无不同……理学的世界观和自然科学的观点极其一致，这一点是不可能有疑问的……宋代理学本质上是科学性的。

——李约瑟

程朱理学是中国哲学发展史上的一个伟大成就。中国传统文化缺乏哲学的思辨，中国人的思维也是重抽象、感性，而轻思辨与理性，长于顿悟而短于推理、演绎。就以孔子学说而言，知之为知之，不知为不知，这是格言式的麟光片羽。程朱理学把自然、社会、人生融为一体，使中国传统思维中有了很强的思辨色彩，这是一个了不得的成就，对后世有重大影响。

——程民生

（设计意图：从程朱理学视角看两宋，理学是儒家哲学的特殊形式，因理学家着重探讨义理、性命之学，故称为理学，又称为道学，以"理"来约束人们的行为，进而规范社会秩序。儒学的发展走向思辨化、哲学化。）

11. 从苏轼看两宋

材料一：

苏轼的政治际遇：

嘉祐六年（1061年），科考"百年第一"，授大理评事、签书凤翔府判官。

熙宁四年（1071年）至熙宁七年（1074年）被派往杭州任通判。

熙宁七年秋调往密州（今山东诸城）任知州。

熙宁十年（1077年）四月至元丰二年（1079年）三月在徐州任知州。

元丰二年（1079年），苏轼四十三岁，调任湖州知州。

乌台诗案，贬为黄州（今湖北黄冈）团练副使。

1085年，宋哲宗即位，升翰林学士知制诰，知礼部贡举。

元祐四年（1089年），苏轼任龙图阁学士、知杭州。

元祐六年（1091年）八月调往颍州任知州。

元祐七年（1092年）二月任扬州知州。

元祐八年（1093年）九月任定州知州。

绍圣元年（1094年）被贬至惠阳（今广东惠州市）。

绍圣四年（1097年），年已六十二岁的苏轼被一叶孤舟送到了徼边荒凉之地海南岛儋州（今海南儋州市）。

元符三年四月（1100年）大赦，北归途中，卒于常州（今属江苏）。

材料二：

太祖尝弹雀于后园，有群臣称有急事请见；

太祖亟见之，其所奏，乃常事耳。

上怒，诘其故。

对曰："臣以尚急于弹雀。"

上愈怒，举柱斧柄撞其口，堕两齿。

其人徐俯拾齿置怀中，上骂曰："汝怀齿欲讼我耶！"

对曰："臣不能讼陛下，自当有史官书之。"

上说，赐金帛慰劳之。

——司马光《涑水记闻》

材料三：

世之小人，书字虽工，而其神情终有睢盱侧媚之态。

——《东坡题跋》

我书意造本无法，点画信手烦推求……必先成竹于胸……意在笔先，神在法外。

——《苏东坡全集》

书必有神、气、骨、血、肉，五者缺一，不成为书也。

——苏轼《论书》

材料四：

江城子·密州出猎

老夫聊发少年狂。左牵黄，右擎苍。锦帽貂裘，千骑卷平冈。为报倾城随太守，亲射虎，看孙郎。

酒酣胸胆尚开张。鬓微霜，又何妨。持节云中，何日遣冯唐。会挽雕弓如满月，西北望，射天狼。

师生共同探讨，达成如下认识：宋代皇权在一定程度上受到制约（相权、文官、谏官、史观、儒家思想等），避免绝对专制文官政治，影响深远；同时也可以认识到苏轼在天下分裂、战乱频仍的社会环境中怀有忧患意识和爱国精神；在经济繁荣，尤其是城市经济繁荣中追求个性自由；在重视文治、尊重知识、重视教育环境中追求意境；在理学和士人阶层兴起的思想环境中以天下为己任的历史责任感。

（设计意图：通过苏轼的视角来看两宋重文轻武，政治开放；手段和平，彰显智慧。同时知道苏轼在诗、书、画等方面造诣了得，凸显宋代的文化繁荣。）

12. 从评价看两宋

材料一：

汉唐宋明清五个朝代里，宋是最贫最弱的一环，专从政治制度上看来，也是最没有建树的一环。

——钱穆

如果让我选择，我愿意生活在中国的宋朝。

——汤因比

宋代是中国历史上最具魅力的时代。

——宫崎市定

宋代中国在重要技术、生产、商业发展方面和总的经济发展方面尤为突出。

——贡德·弗兰克

两宋可以说是空前绝后的。

——邓广铭

华夏民族之历史，历数千载之演进，造极于赵宋之世也。

——陈寅恪

材料二：

长期以来，人们关于宋代历史的看法，一直随着时代演进而变化。近代以来，国人痛感国力不强，备受外族欺凌，类比历史，才使关于宋朝"积贫积弱"的看法逐渐定型。20世纪90年代以来，随着中国经济的快速增长，国人的文化自信心不断强化，促使学界更改了对中国历史的一些看法。域外也一样。二战以后，西方学术界反思传统的关于东西方文明的看法，开始调整以往关于中国文明长期停滞不变之说，渐次在20世纪50年代提出中国文明"传统内变迁"说，进而到70年代的中古"经济革命"说。

——李华瑞《宋代经济：历史观察的时代背景》

材料三：

"宋代江南农业革命"只不过是一个"虚像"而已。产生这种错误的根源是方法论，主要表现为"选精法"和"集萃法"，这两种方法的主要错误都在于将某一或某些例证所反映的具体的和特殊的现象加以普遍化，从而使之丧失了真实性。

——李伯重《"选精""集萃"与"宋代江南农业革命"——对传统经济史研究方法的检讨》

师生共同探讨为何对于宋朝会出现不同评价？综合材料，认识到因为时代不同、阶级不同、角度不同、运用史学方法不同，对待两宋的评价大相径庭。

（设计意图：从评价的视角看两宋，中国古代文学史上有"唐宋"，科技史上有"宋元"，思想史上有"宋明理学"，可见宋代在中国古代的重要地位。通过多维度视角看两宋，通过史料实证、历史解释，培养学生的家国情怀和历史学科的核心素养。）

【教学反思】

本课基本完成了教学目标，通过小组合作的方式使得学生对于课堂的参与性有了较好的保障。但是本次教学也让我有很多反思之处，既关于小组合作学习的实践方式，也关于课堂内容引导教师的参与度问题。

就小组合作学习而言，从形式上看是为了兼顾大多数学生的利益，尽可能多地让学生参与到课堂思考以及回答问题的过程中。但在具体实践时的确难以做到保证每一个学生都积极地参与思考，在作答环节虽然通过随机的方式来进行反馈，但在一些问题上还是会存在部分学生一枝独秀的局面。如何将小组合作学习的方式进行更好、更有效地落实，将会是我在接下来的教学过程中努力突破的一个问题。

关于课堂上学生主导和教师引导两者所占比重的问题。我在授课过程中不自觉地会暴露出不敢放手、较难问题担心学生不会而引导过多的问题。突出学生课堂主体性的真谛就在于给予学生充分的独立思考以及探索的时间，在日常授课过程中协调教师讲与学生讲的时间比重问题，也会是我着重突破的一个关键。

第八节　起看星斗正阑干
——解决问题和做出决定

新课程改革要求教师在教学活动中，引导学生养成良好的学习态度和自主学习的习惯，形成情感丰富高尚、人格健康和谐，具有坚强意志和锐意创新的素质。因此，在教学活动中，教师要注重建立和谐融洽的师生互动、生生互动，创设一个有助于发挥学生潜能的氛围，促进学生独立思考，使教学过程成为教学相长、共同发展的过程。在坚持以教师为主导的同时，更要突出以学生为主体，不断提高学生的学习兴趣，使学习过程成为学生自我完善、自我发展的历程。行思成长教学以教师与学生、学生与学生之间的交往活动为载体，运用小组合作学习的方式解决问题和做出决定。

一、行思成长教学中学习小组的组建

合作学习的方式之一是小组合作，把班上部分学生组成学习小组，相互协作，合理分工，共同完成某项学习任务。这种学习方式既可以使学生获得丰富的学习材料，又可以吸取他人良好的学习方法。学生在合作中还学会沟通、争论、妥协、配合、分享等。在合作学习中学生除了互相之间学到了知识，还加深了彼此的情感。学生在合作中领悟到了团队精神的重要性，课堂变成了资源共享的团队工作空间。学生在合作学习中自然领悟到了合作是走向成功的重要因素之一的知识。

（一）分组原则

1. 综合性原则

根据同组异质、异组同质原则。综合考虑学习内容，学生的学习基础、能力、特长、性别等因素，每班把学生编成6~8个小组，每组通常由4~6人组成，优等生、中等生、后进生互相搭配，同时兼顾男女生比例，一般是男女生各半。

2. 组长负责制原则

每个小组民主推选一个组长，教师要对小组长进行培训。培养小组长的大局意识、责任意识和创新精神、合作精神，训练小组长的组织能力、管理能力、协调能力、评价能力。小组长相当于主持人，主持小组活动，按要求组织大家交流、讨论。学生各抒己见，在观点的碰撞与交流中，相互启迪。在问答讨论中，小组成员各展其长，各有所得：后进生提出了问题，树立了目标，渴望自己思考的问题能得到小组成员的解答；优秀生为了当好小老师自然冲锋在前，勤学苦练；中等生前受优生引领，又被后进生推动，在寻求合作中左右逢源。分工是建立在每个学生个体充分自主探究的基础之上的，表现为"八仙过海，各显神通"；协作是将成员自主学习的成果共享，表现为"集思广益，去芜存菁"。另外，小组成员应根据不同的学习内容和自己的特长轮流担任不同的角色，使每个人都有机会获得成就感。

3. 竞争性原则

在教学中我倡导组内合作、组间竞争。竞争是学生好胜心强的一种表现。在课堂上，以小组为单位的合作学习一旦形成，那么每个组之间就会存在竞争。而各小组成员考虑到本组的荣誉，便会投入更大的热情。可见，小组合作学习有助于培养学生的竞争意识、合作意识和集体观念。

（二）分组实践

按照以上原则，对学生进行了如下分组。

1. 分组要求

（1）自拟小组名称。小组名称通过全组讨论确定，要有个性、励志性和历史韵味，并简单解释取这个名称的原因。

（2）小组成员的构成：自由组成、男女搭配、成绩搭配。

（3）小组成员要分工明确。小组长由小组成员共同推举，学科发言人、激励员、评价者和记录员等分工要明确，做到每个人都有事做，各负其责。

（4）小组成员要团结和谐，互相学习，互相交流学习历史的心得体会。要互相竞争，互相促进，积极进取，不断提高历史成绩。

2. 选好学习小组长和学科发言人

小组长是教师的帮手、小组核心灵魂人物、小组发言人。小组长的学习能力将影响一个小组乃至一个班级的学习能力，他的学习水平将代表一个班级的学习水平，更代表一个教师的教学水平。一个优秀的组长就是一个优秀的学习小组，能使学习共同体内形成一种共同的价值认同，创建积极、向上的小组文化，使整个小组团结、有序、共同发展。其余学生均为学科发言人，可一人兼两个学科发言人。

（1）选小组长的标准。学习态度积极、率先垂范，学习习惯好、学习能力强，乐于助人、责任心强，组织能力、管理能力强，集体荣誉感强。

（2）小组长职责。组织好课堂自主学习、合作讨论及展示内容和步骤，实现小组学习目标；及时检查小组成员课堂学习情况和每天学习内容的落实情况；负责维持本组的纪律，检查学习笔记、错题集等；在充分讨论的基础上建立起针对本组成员学习态度、学习效果的评价。

（3）小组长要处理好的三大关系。即学习和服务的关系、小组管理与各学科学习的关系、小组内外参与和竞争的关系。

3. 学习小组的基本要求

在竞争中合作，在合作中共赢。一名有号召力的组长，一个响亮的名字，一个奋进的口号，一套共同确认的组规组约，一个共同奋斗的目标，个性化的组员个人奋斗目标，便于实施的组内合作机制和监督机制。

4. 学习小组培训的基本要求

（1）搞好学习小组文化的建设和团队凝聚力、向心力的打造，用团队的力量教育、影响每一个组员。

（2）教师和级部培训小组长（学科发言人），要求其具有良好的学习习惯和学习能力，并且培训要常态化。级部、班主任不定期召开座谈会，进行指导；任课教师经常性地做正面引导和课前辅导，保证课堂的节奏，少浪费时间；班主任和教师要善于培养小组长和学科发言人的良好学习习惯；培养自学习惯，培养勇于接受他人意见及团结、协作、交流的意识；指导组织、管理的才能；培养合作能力，使其学会有条理地表达，学会积极地倾听，学会质疑，学会补充，学会修改完善；等等。

（3）学科发言人向全班展示小组的学习成果；激励员及时对表现突出的同学进行激励；评价者负责检查本组成员学习情况和效果，并且对小组成员平时合作学习的表现进行量化和评价；记录员负责记录小组合作、探究过程中的知识要点，负责收集整理与学习有关的资料；等等。因为小组的人数不多，所以每个人都处于被关注之中，再加上小组相对固定，彼此间知根知底。领悟能力强的，有展示表现的欲望；学习能力差的，也愿意接受手把手的指导。

5. 小组课内的运行

先自主练习，存在疑难问题时，再合作讨论。如课内合作解决不完，由组长课下确定时间与地点解决之。

6. 小组的评价

（1）评价依据。

有没有管住自己：小组成员有没有自觉遵守组规组约，主动学习；有没有管住小组：小组成员有没有做好互相激励、相互管理；有没有学习进步：总成绩和学科成绩有没有进步。过程性评价由学习小组组长检查，并向班干部反馈，班干部负责向老师汇报。

（2）评价内容。

第一，过程性评价。检查内容以检查"三落实"为主，即落实到人人做题、题题写过、每题做过。具体检查项目：①每天组织小组成员完成三导案（或作业），并做好检查登记。②检查各小组成员有没有违反"六不"。检查有没有组织开展小组合作活动。④小组长督促落实课前诵读，班干部做好评价。

第二，终结性评价。以学习小组进步值（排名及大小）为评价依据，分别按每次考试的总均分（小组总均分与总体总均分）和学科均分（小组学科均分与总体学科均分）计算学习小组进步值。进步值表示小组成绩进步情况。

第三，评价结果。优秀学习小组每月评比一次，利用国旗下讲话、开学典礼等隆重场合进行宣传表扬，推广经验。各班、年级优秀学习小组评价以过程性评价结果为参考，以终结性评价结果为主要依据。优秀学习小组的组长也相应评为优秀组长。各级各类优秀学生的评比以优秀学习小组的评比结果作为最主要依据，优秀学生必须是学年（学期）获评优秀学习小组最多的成员之一。

二、行思成长教学中解决问题的实践

行思成长教学中实施小组合作学习模式，搭建学生积极合作学习的引导平台，让学生能够在学习中有序合作，高效探究，不断拓展他们的知识面，不断加深他们的理解能力，真正锻炼分析历史现象、总结历史规律的能力。教师结合学生基础做好分组和分工，合理安排合作学习内容，进行积极引导和监督，促进学生高效学习。

行思成长教学注重把问题置于具体的历史情境中。问题只有融入情境才好理解和表征。研究表明，"影响问题解决者表征问题的两大因素是问题情境和问题解决者的知识。"①可见，情境是问题的底色和还原剂，它使问题变得背景化、具象化和生活化。情境在课程教学中具有重要作用："第一，情境可以有效刺激学生，使学习过程不仅是对知识本身的接受，更会使学生产生情感的共鸣；第二，情境可以使枯燥乏味的知识产生丰富的附着点和切实的生长点，让教育具有更加深刻的意义；第三，情境增加了学习活动的生动性、趣味性、直观性，让学生在理论知识与应用实践的交互碰撞中真正理解知识、提升能力。"②教学意义的情境本身即包含了有价值的教学问题，反之，没有教学问题的教学情境不能被认定为有意义的教学情境。因此，情境意识应当包括以下三个方面：一是生活情境。回归生活与学生经验的学习，其本质是解决生活世界与科学世界的关系。二是形象生动。抽象的学科问题只有回到具象的情境中才能有效地激发学生的联想与连接、表征与表达。三是情感触及。教育教学呼唤的是情感的律动，正如赞科夫所言："教学法一旦触及学生的情绪和意志领域，触及学生的精神需要，这种教学法就能发挥高度有效的作用。"③

　　行思成长教学中实施小组合作探究的形式使问题得以解决，学生便会获得心理上的满足，这是学生产生学习兴趣的内在动力。教师要善于在无疑处设疑，在无惑处生惑，引起学生认知上的冲突，使学生产生寻求心理满足的动力。因此，在课堂开始时，教师可以巧妙地设问，吸引学生的眼球，抓住学生的注意力，激发学生听课的欲望，为学生在课堂上开展合作学习做好铺垫。

　　合作学习是学生的一种学习方式，同时也是教师教学的一种组织形式，

---

① 张裕鼎.问题解决策略迁移研究——心理模型的视角［D］.上海：华东师范大学，2008.

② 高彤彤，任新成.多元智能理论与情境教育的发展［J］.上海教育科研，2015（3）：40-44.

③ 赞科夫.教学与发展［M］.杜殿坤，张世臣，俞翔辉，等，译.北京：人民教育出版社，1985：31.

学生的合作效果同教师的参与指导是分不开的。因此，在合作学习活动开展之前，教师必须讲清合作学习的具体要求，每一个步骤该怎样做，目的是什么，同时通过适当的示范来增加学生的感性认识。在学生开展合作学习的时候，教师要指导学生积极采取讨论、举例、引证、实践、诊断、归纳、演绎等探究形式，有效地开展小组的合作学习。合作学习不是一次就能成功的，一定要给学生一些尝试合作的时间。

在学生合作学习中，教师要充分发挥引导作用，敢于放手，但放手不等于彻底不去干预。没有教师的引导和干预，合作生就没有了规则，很容易陷入无序状态。因此在小组讨论前，教师要引导学生独立思考问题，为合作学习打好基础。在合作过程中，教师不应"袖手旁观"，而应当从讲台上走到学生中间去，在组间巡视，对各个小组的合作进行观察和介入，对各小组合作的情况做到心中有数。教师要观察各小组的行为，洞悉学生对问题的理解程度，解决合作过程中出现的问题，小组活动开展得好，应予以表扬；小组提前完成任务时，应检查他们完成的质量；发现小组分工不清、讨论混乱时要耐心指导；发现讨论偏离主题时要及时点拨；等等。学生的小组合作学习有了教师的参与指导，就能避免短暂繁荣和华而不实的无效合作场面的出现，学生的合作才更得法，交流才更有效。

学生合作、探究，是小组合作学习中最重要的一个环节。在这个过程中，每个学生根据自己的理解互相交流，各抒己见，相互启发，在充分表达自己意见和观点的基础上，自我反省，耐心倾听别人的意见，善于虚心接受别人的正确意见，在别人意见的启发下完善和发展自己的观点，并清晰地表达自己的观点，大胆地提出自己的对问题的不同的见解，开展辩论。学生在辩论的过程中逐渐形成自己对知识的理解，在与同学的合作交流中逐渐完善自己的想法，充分发挥小组合作学习的实效性。对于少数学生在学习过程中形成的思维障碍，教师要及时调控，不能让成绩好的学生看不起成绩差的学生，也不要让暂时后进的学生产生自卑心理。学习任务已经落到个人，应提倡小组内的互帮互学。小组成员共同合作完成学习任务才能保证小组合作学习的有效性。

　　小组展示是合作学习的重要目的。"展示"一词由"展"和"示"构成。"展"指发展、伸展、展开，它体现着生命过程中的一种状态：不断生长、不断变化、不断创新，并在这个过程中不断走向成熟。"示"指呈现、表达，这个词含有展示主体试图与特定对象进行交流、共享的意愿以及展示主体企盼得到回应、关注、欣赏、评价等的愿望。"展示"一词因而体现了生命的两种本性。一方面，作为个体，学生要成长和发展；另一方面，作为群体中的一员，学生要交流，要欣赏或被欣赏，要评价或被评价。学生渴望了解自己的能力，渴望知道自己在班级和学校所处的地位，渴望成为受老师和同学欢迎的人。学生对自我探究的成果进行展示，能有效满足自我表现的心理。指导学生进行展示活动，能使学生从中体验到兴奋、愉快、充实的情绪，从而强化学生的学习动机。知识在展示中积累，能力在展示中形成，精彩在展示中呈现。展示在于激发学生的表现欲，点燃学生的表达情，培养学生的自信心。学生在展示自我的过程中，不但展现了合作学习的成果，而且展现出个人的智慧风采，从而获得成就感。没有展示就难以了解学生知识掌握的情况，没有展示就缺少现场的生成与互动的提高。通过展示活动，能有效拓展学生的知识面，充分挖掘学生的潜能，调动学生的学习积极性，促进学生自主发展。

　　思想和智慧的火花只有在共享和碰撞中才能产生，课堂气氛的沉闷和学生心里的压抑必然导致教学活动的失败。沉闷的根源在于教师教得过死，一厢情愿地大讲特讲；学生展示的机会少，表达的愿望逐渐萎缩。要解决这个问题，教师要彻底释放学生，把话语权还给学生，创造一切机会让学生去展示。展示会拓展学生合作学习的渠道，可以有效地激发学生的学习热情，成为学生重要的学习动力。学生都有天生的表现欲，只要多给他们机会，他们就会在暗地里下苦功，只为赢得那"台上一分钟"。展示内容具有多元开放性特点，因为学生在自学、讨论、展示的过程中除了解决教师设计的问题外，还生成了许多与教材知识相关联的、拓展延伸了的问题。展示形式具有灵活多样的特点，参与展示的学生，或个人，或小组，通过合作集中集体智慧，通过讲解展示自己解决问题的过程和方法，阐明自己的观点和结论，他们在准备展示和实际展示的过程中得以学习、锻炼和成长。对于作为听众的其他学生来讲，他们既是观众，又是裁判，还是合作者。他们在评价、欣赏、反思的过程中吸收、借鉴和成长，在展示交流的过程中学会了学习。

一个完整的学习过程是吸收、获取与释放、展示的有机统一的过程。吸收、获取是手段，释放、展示是目的。学生通过各种学习方式学到知识，为将来应用做准备是非常必要的。但学生把学到的知识以及所思、所感、所悟通过各种形式及时表达、表现出来与大家共享、交流，证实自我，使学到的知识学以致用、活学活用、融会贯通的过程才是真正实现学习三维目标的过程。可见，展示是学生成长的重要形式，展示发展了学生的个性与潜能，保障了学生有自信和有尊严地成长。

因此，在课堂教学中，个体展示是亮点，是高潮，是激发兴趣、巩固成果、分享智慧的重要途径。教师要组织学生根据小组学习目标，给学生充分的展示机会，然后循序增加问题的深度，鼓励学生不断追问以获得更深层次的知识。同时鼓励学生既要大胆阐述自己的想法，又要善于听取别人的观点；既要为自己辩护，又要正确评价别人的观点，吸收合理的意见。教师要教导学生学会尊重别人，要认真聆听别人的发言，要对自己的表现有信心，不自卑，要主动参与学习。教师要及时反馈和总结，帮学生澄清模糊意识，归纳合作成果。教师还要改进教学策略，给予学生积极参与、合作交流的时间和空间。立足于研究学生的"学"，促进学生主动发展。

教师指导学生解决问题和做出决定的一般流程是：第一，确认问题；第二，收集信息和确认观点；第三，分析有利条件和不利条件；第四，寻求解决问题的方法；第五评价你的决定。

例如，在《罗马法的起源和发展》教学中，一个学习小组确定的问题是正确认识罗马法，经过商量后分头收集材料，用史论结合的方法在课堂上展示：

第一步，展示背景材料：贵族罗莫洛是罗马的一位贵族，也是罗马一支军队的将领，生前立遗嘱，希望把他一半的财产捐给那些跟随他作战受伤或战死的士兵的家人。但罗莫洛死后，他的家人却不履行罗莫洛的遗嘱，受伤或战死的士兵的家人因此将他们告上了法庭。

第二步，设计问题一：若此案发生于罗马共和国早期，作为法官的你怎么判？说明理由。

第三步，设计问题二：此案发生于《十二铜表法》出现后，作为法官的你怎么判？说明理由。

第三步，设计问题三：假设此案受伤或战死的士兵中有"盟国"提供的辅助兵，依据《十二铜表法》，辅助兵能分财产吗？说明理由。

第四步，设计问题四：假设"盟国"已被罗马占领，依据《万民法》，辅助兵能分财产吗？说明理由。

第五步，总结归纳：随着商业和国家的发展，生活日益复杂，原先的法律不再能满足需要。于是罗马法由习惯法到成文法，由公民法到万民法较好地理顺了各种错综复杂的利益关系，巩固了罗马政权，促进了社会稳定和帝国境内各民族的共同发展。

在这个过程中，学生必定要阅读教材，在了解罗马法先后包含的主要法律，以及每部法律的具体内容或特点之后再回答问题。

在复习中国共产党的历史的时候，用小专题的形式切入，一个学习小组找到的主题是：中国共产党善于抓住主要矛盾应对历史性难题。

《矛盾论》是毛泽东在发表《实践论》后论述马克思主义唯物辩证法关于矛盾规律的重要哲学著作，它的核心是事物发展的对立统一，阐述了矛盾的普遍性和特殊性，并强调区分主要矛盾和次要矛盾的重要性。文中写道：

"复杂的事物发展过程中，有许多矛盾存在，其中必有一种是主要的矛盾，主要矛盾是在诸多矛盾中起着主导性、决定性作用的矛盾，由于它的存在和发展，规定或影响着其他矛盾的存在和发展；其他（矛盾）则处于次要和服从的地位。"

党的十九大报告指出："中国特色社会主义进入新时代，意味着近代以来久经磨难的中华民族迎来了从站起来、富起来到强起来的伟大飞跃，迎来了实现中华民族伟大复兴的光明前景。""落后就要挨打，贫穷就要挨饿，失语就要挨骂。形象地讲，长期以来，我们党带领人民就是要不断解决'挨打''挨饿''挨骂'这三大问题。""站起来"解决了挨打的问题，"富起来"解决了挨饿的问题，"强起来"就是要解决挨骂的问题。"挨打、挨饿、挨骂"是对近代以来中国共产党历史使命的形象化阐释。

"站起来"解决了挨打的问题。1840年前后，随着资产阶级革命的完成，西方各国逐步走上发展资本主义的道路。而与此同时，清政府做着"天朝上国"的美梦，闭关锁国，拒绝睁眼看世界，逐渐拉大与西方的差距。落后就要挨打，自鸦片战争开始，西方国家开始蚕食中国。清政府期间，帝国主义列强轮番对中国发动战争，签订了一个又一个不平等条约，割地赔款，丧权辱国。帝国主义列强纷纷到中国划分各自的势力范围，侵占利益，欺压百姓。

1921年，中国共产党成立。自成立那天起，中国共产党就把实现民族独立、人民解放作为自己的历史使命，为摆脱落后挨打的局面而不懈奋斗。1937年7月7日，卢沟桥事变爆发，中国抗日战争进入全国性抗战时期。在反抗日寇侵略的进程中，中国共产党无论在正面战场还是敌后都积极打击日寇侵略，成为整个抗日战争的中流砥柱。最终，在中国共产党的带领下，中国人民打败日本侵略者，将侵略者彻底赶出了中国，实现了中华民族真正的独立解放。

中华人民共和国成立初期，为了防止美帝的侵略，也为了不让战火烧到境内，更为了刚刚从战火中走出的中国人民不再经历战争的摧残，中国毅然决定抗美援朝、保家卫国，并取得最后胜利。历史证明，中国共产党领导下的新中国有能力、有信心捍卫祖国和领土的完整，维护民族的尊严，保护人民的安全，中国被动挨打的境遇彻底结束了。中国共产党忠实践行自己的诺言，维护民族独立和国家安全，使中华民族真真正正站了起来，彻底完成了民族独立、人民解放的历史任务。

"富起来"解决了挨饿的问题。中华人民共和国成立初期，尽快解决人民的温饱需求是摆在中国共产党面前的难题。为此，中国共产党实行了土地改革，使几千年来广大少地无地的农民分到了自己的土地。随后，对农业进行社会主义改造，以扩大农业生产规模，增加产量。

改革开放之初，从安徽凤阳小岗村开始的"包干到户"得到中央的支持并在全国范围内推广，极大地提高了广大农民的生产积极性，粮食产量连年增高，农民的收入逐年增加，挨饿状况得到极大改善。尤其是党的十四大确定了社会主义市场经济体制的改革方向，市场经济的繁荣发展提高了全体人民的生活水平，不仅彻底地解决了全体人民的温饱问题，而且在医疗、卫生、社会保障、住房、教育等各个方面都有极大的改善和提升。中国共产党带领中国人民进行了长达几十年的摸索，走出一条具有中国特色的社会主义脱贫致富之路，真正实现富起来，践行为人民谋幸福的铮铮誓言。

"强起来"解决了挨骂的问题。在国际上，多年来话语权始终掌握在西方国家手中。中华人民共和国成立初期，我国外交的首要任务是彻底摧毁帝国主义对中国的控制，恢复国家的独立和主权。为此，毛泽东主席早在建国前夕就提出了"另起炉灶""打扫干净屋子再请客"和"一边倒"的三条方针。"另起炉灶"就是同旧中国的屈辱外交彻底决裂，不承认旧中国同其他国家建立的外交关系，要在新的基础上同世界各国建立新的外交关系。"打扫干净屋子再请客"就是要在彻底清除旧中国遗留下来的帝国主义在华特权和残余势力之后，再请客人进来，以免敌对者"钻进来"捣乱。"一边倒"

即倒向社会主义一边。首先，我国同苏联和各社会主义国家建交和发展友好合作关系，并同苏联签署《中苏友好同盟互助条约》，与此同时，我国同其他社会主义国家的友好合作关系也获得全面发展，从而大大加强了社会主义阵营的力量，对维护远东和世界的和平起到了重要的积极作用。

20世纪50年代初期，毛泽东主席就提出了世界各国和平共处和大小国家一律平等的思想。据此，周恩来总理于1953年底进一步提出了互相尊重主权和领土完整、互不侵犯、互不干涉内政、平等互利、和平共处五项原则，并在次年访问印度和缅甸时，同上述两国正式倡议将这五项原则作为国际关系的基本准则。多年来，和平共处五项原则越来越显示出强大的生命力，得到国际社会的普遍赞同。我国积极支持并参加了1955年4月在印度尼西亚万隆举行的亚非会议，达成了著名的万隆十项原则，为加强亚非各国的团结合作做出了重要贡献。

改革开放和社会主义现代化建设时期，中国外交的主题词是"和平与发展"。党中央做出"和平与发展是当今世界两大主题"的根本判断，我国外交工作的目标随之调整为为现代化建设争取较长时间的和平外部环境。在国际上，我们倡导多极化和国际关系民主化，坚持走和平发展道路，奉行合作共赢的开放战略，积极为维护世界和平、促进共同发展做出贡献，我国的国际地位和影响力持续提高。

世界正处于百年未有之大变局中，中国特色社会主义进入新时代，中国外交的主题词是"民族复兴，人类进步"。推动构建新型国际关系、推动构建人类命运共同体被确定为新时代中国外交的总目标，习近平外交思想的指导地位正式确立，一条具有鲜明时代特征和中国特色的大国外交之路日益清晰地展现在世人面前。

在这个过程中，教师紧扣学生自主学习这一特点来设计教学，引进课程资源。引导学生掌握学习方法，一是利用文本，让学生阅读文本、理解文本。要尽量多地搜集、阅读史料，包括直接史料和间接史料，短时段史料和长时段史料，正面史料和反面史料，官方史料和民间史料，记叙性史料和评论性史料，当时人写的史料和现代人的研究材料，书本记载的内容和文物、古迹承载的信息，等等。二是补充文本，精心设计问题，激励学生思考问题，自主学习。把史料放入时代背景中和所持的阶级立场上去分析，去比较研究，去讨论，并相互佐证或反佐证，这样才能裨补阙漏，筛选出"真"史料，设计出"真"问题。三是把历史内容延伸到学生的现实生活中，让学生透彻理解教学内容，既达到了教学目标，又能使学生在多种学习方式中进行自主选择、自主建构，从而促进了全体学生的发展。

学生合作能力的培养需要长期坚持，不断实践。教师要经常给学生提供合作学习的机会，指导合作学习的技巧，从而逐步培养学生自觉合作的习惯。只有这样，小组合作学习才能发挥出更大的作用。

附：

教学示例：高三复习课《近代中西文化的碰撞与融合》

【设计思想】

本课的设计从学生的学情出发，设定史料分析能力的培养目标；变书本知识的传授为自己动脑、分析问题能力的培养，打破传统知识传授式教学框架，以"近代中西文化的碰撞与融合"为主线，分五个学习小组分头负责从鸦片战争前的"西学东渐"到五四运动，从内容上打破了原有教材的框架，注意突出历史事件彼此之间的关联性，呈现近代中西文化相互碰撞与融合的历史原貌，文化就是这样在不断的交融中向前发展。

【教学目标】

（1）了解西方文化对中国近代化进程的最大影响是促进中国近代的思想解放潮流，经历了器物改革→制度改革→思想文化改革三个阶段，学习的道路也经过了英国→日本→美国→俄国的演变，这个过程带有鲜明的挽救民族危亡、反侵略反封建的性质，每次发展都伴随着思想领域的交锋论战，并体现出内在的继承与发展的关系。

（2）正确对待中国传统文化和西方文化。

（3）学习近代仁人志士追求真理、探索救国救民道路的精神。

【教学重难点】

教学重点是向西方学习强国御侮之道的思想历程——在继承中发展的近代中国思想解放潮流，教学难点是各个阶级对外来文化的反应的原因分析。

【教学过程】

第一小组负责第一阶段：明末清初至鸦片战争前中西文化的初步碰撞与交融。

（一）小组代表收集成员意见，呈现这一阶段西学的传入与运用

利玛窦（1552—1610年），意大利的天主教耶稣会传教士、学者，明朝万历年间来到中国传教。利玛窦是天主教在中国传教的开拓者之一，也是第一位阅读中国文学并对中国典籍进行钻研的西方学者。他通过"西方僧侣"的身份、"汉语著述"的方式传播天主教教义，并广交中国官员和社会名流，传播西方天文、数学、地理等科学技术知识，他的著述不仅对中西文化交流做出了重要贡献，对日本和朝鲜半岛上的国家认识西方文明也产生了重要影响。

汤若望（1592—1666年），德国人，神圣罗马帝国的耶稣会传教士，天主教耶稣会修士、神父、学者。在中国生活47年，历经明、清两个朝代。逝世后安葬于北京利马窦墓左侧，康熙朝时被封为"光禄大夫"，官至一品。汤若望在中西文化交流史、中国基督教史和中国科技史上是一位不可忽视的人物。他继承了利氏通过科学传教的策略，在明清朝廷历法修订以及火炮制造等方面多有贡献，中国今天的农历是汤若望在明朝前沿用的农历的基础上加以修改而成的"现代农历"。

南怀仁（1623—1688年），比利时籍清代天文学家、科学家，拉丁人，1623年10月9日出生于比利时首都布鲁塞尔，1641年9月29日入耶稣会，1658年来华，是清初较有影响的来华传教士之一，为近代西方科学知识在中国的传播做出了重要贡献。他是康熙皇帝的科学启蒙老师，精通天文历法，擅长铸炮，是当时国家天文台（钦天监）业务上的最高负责人，官至工部侍郎，正二品。

清圣祖仁皇帝爱新觉罗·玄烨（1654—1722年），即康熙帝。康熙既是杰出的政治家，又是出色的科学家。作为一国之君，他对清初科学技术的发展和人才培养起了重要作用。他所涉猎的学科有天文学、历法、数学、物理学、化学、医学、解剖学、地学、农学、植物学、工程技术、测量学、铸炮术，他还研究过乐理学、声律学、逻辑学及拉丁文。他还是儒家和诗人、书法家、画家，可谓全才博士。

徐光启（1562—1633年），明末科学家，政治家，明代著名科学家、政治家。徐光启毕生致力于数学、天文、历法、水利等方面的研究，勤奋著述，尤精晓农学，译有《几何原本》《泰西水法》《农政全书》等著书。同时他还是一位沟通中西文化的先行者，为17世纪中西文化交流做出了重要贡献。

1602年《坤舆万国全图》用经纬度制图法绘制了第一幅世界地图，把世界分为五大洲，提出地圆学说，第一次把澳大利亚标明在世界地图上，第一次在中国采用球面投影法，自成东西两半球。

小结：传教士在这一阶段传播西学功不可没，西学的传入主要影响部分统治阶级上层。

（二）中国文化在西方

学生1：莱布尼茨，德国古典思辨哲学的先驱。他认真研究孔子及其哲学思想。他为了促进对中国哲学的研究，加强中西文化交流，还创立了柏林学会。

清代，来华的耶稣会士先后把中国的四书五经等古代经典翻译成西欧文学。中国的优秀文化在启蒙运动澎湃展开的时代，催促了近代欧洲文明的诞生。18世纪，大批中国瓷器运往欧洲，成为普通家庭的日用品。清政府还曾聘请耶稣会士白晋、张诚等入宫讲授西学，并用西法实行全国性的测量。在建造圆明园时，在建筑、绘画、雕刻等方面，也有不少模拟西方风格的地方。

——郑宝琦《中国古代通史》

1735年在巴黎刊印的《中华帝国志》被誉为"中国百科全书"，法国百科全书派启蒙学者与德国、英国的知识界均以此书作为了解中国的重要材料。欧洲启蒙学者多是开明君主专制论者，中国历史上传统的仁君统治成为启蒙思想家们追求的社会楷模。霍尔巴赫主张以德治国，并公然宣称"欧洲政府必须以中国为模范"。伏尔泰更是热情赞扬孔子及其创立的儒家学说，他把孔子的画像挂在书房中，称之为使西方人感到羞愧的"东方智者"，主张把孔子"'己所不欲，勿施于人'这条法则铭刻在每个人的心中"。

——冯天瑜《中华文化史》

学生2：中国科技在西方的传播。

中国古代的科技长期处于世界的领先地位。明清时期随着封建专制主义的加强，中国科技的发展受到严重的阻碍，但仍出现了总结性的科技巨著，如《本草纲目》《农政全书》《天工开物》。中国以四大发明为代表的古代科技为世界科技的发展做出了重大的贡献。传教士在把西方科学知识传入中国的同时，对中国的科技进行了较为全面的考察和传播。

学生3：中国工艺品风行欧洲。

17世纪以来，中国的瓷器、漆器等工艺品行销欧洲。仅1602—1682年，荷兰东印度公司就从中国运往欧洲1600万件以上瓷器。据估计在18世纪的100年间，中国外销瓷器至少在6000件以上。

法王路易十四18世纪初还专门在江西景德镇打造了高达22米的夫妻瓷塑，瓷塑中，路易十四夫妇身着中国丝绸制作的中式服装，衣服上还绣着"寿"字。

英国女王玛丽的宫殿里陈列的瓷器数量达到惊人的程度，在她的橱柜及家具的顶端放着架子，架上陈列着中国的珍贵瓷器。

瓷器、漆器在欧洲盛行的同时，中国的服装、墙纸、刺绣、轿子等都成为当时欧洲上流社会追求的时尚商品。

学生4：中国园林艺术对欧洲的影响。

法王路易十四首先吸取中国园林建筑的风格，在凡尔赛宫内修建了座"瓷宫"。

英国修建了中国式的园林"丘园"。在"丘园"内有湖，湖的旁边有九层高的中国古塔，塔旁还建有绘了孔子事迹的孔子楼。

18世纪末，德国掀起了"中国园林热"。1781年，德国修建的"木兰村"享有盛名。村内有小溪吴江，还有穿着中国服装的姑娘，其情景酷似中国的江南水乡。

学生5：中国绘画与戏剧风靡欧洲。

17—18世纪，中国的山水、花鸟画以其清新、宁静、奇妙的特点吸引着欧洲人，在欧洲画坛掀起了模仿中国画风的热潮。

18世纪，马约瑟把中国的《赵氏孤儿》介绍到法国，这是传入欧洲的第一部中国戏剧作品。《赵氏孤儿》的悲剧情节使欧洲人深受感动，很快风靡欧洲，在欧洲戏剧界产生了很大的震动。

小结：这一时期，中国的思想、文化都影响着欧洲，在融合中展现着文化的魅力。

（三）中西文化的初步对抗与文化交流的中断

学生甲：在中西文化交流的过程中，融合与对抗交织进行。以儒家文化为核心的中国传统文化与西方国家的宗教思想、神学文化在融合的同时不可避免地产生对抗。

例如，《崇祯历书》是关于历法、天文学理论、天文数学、天文仪器的。书中大量引用了哥白尼的《天体运行论》，明确引入了"地球"的概念，在计算方法上，介绍了球面和平面三角学，在坐标系方面介绍了黄道坐标系。此书编就后，因反对派的干扰与明代晚期的战乱，并没有得到颁行，直到清代（公元1644—公元1911年）早期汤若望对《崇祯历书》进行了删改、压缩，将其更名为《西洋新法历书》，并进呈清政府后，才被采用，并改名为《时宪历》，正式颁行。这是一部比较全面地介绍欧洲天文学知识的著作。

学生乙：中西礼仪之争。

这场礼仪之争的焦点：一是有关对"天主"的认识问题；二是有关教徒是否祭祖尊孔的问题。1704年，教皇克雷芒十一世发出禁约，规定"天主"的名称不许用"天"和"上帝"，教徒不可祭祖尊孔。礼仪之争到1742年最终结束。

罗马教廷的禁约损害了中国的传统礼仪，中国统治者与罗马教皇产生了激烈的冲突，导致中国长期执行禁教政策。特别是到清朝嘉庆、道光时期，封建统治危机四伏，为了防止人民的反抗和西方殖民者的侵略，统治者采取了更为严厉的"闭关锁国"政策，造成了中西文化交流中断的结果，这极不利于中国社会的发展。

阶段小结：明末清初西学在中国的传播开阔了中国人的眼界，促进了中国科技的发展，但是也应看到局限性。

从西方看，作为当时西方文化的代表传教士传播科学技术的目的是为了传教，因此西学的传播具有很大的选择性，一些近代最新的科技成果并未传入中国。

从中国方面看，西学的传播只局限于封建统治阶级的上层，影响较小，中国的最高统治者对西学的接受更是极其有限，即使是当时倡导学习西学的康熙帝，其根本目的也是为了维护他的统治，一旦发现西学有违封建的伦理道德，便会竭力摒弃它。

可见，这一时期由传教士完成的"西学东传"难以在中国实现从传统科学向近代科学的转轨。

第二小组负责第二阶段：鸦片战争后中西文化的碰撞与融合。

学生甲：鲁迅先生说，"中国太难改变了，不是很大的鞭子打在背上，中国自己是不肯动弹的"。1840年鸦片战争的炮声是近代第一鞭子，一鞭子背痛不可当，方打开久闭的门户，睁眼看世界；第二次鸦片战争又着一鞭，开始学西方造船造炮，"但只准学这一点，其他不能要"；甲午海战第三鞭打来，才知西人强者兵，所以强者不在兵，没有科学，没有经济、政治的变法不行。一步三回头，以致使中国引进西学、走向世界的近代化运动的步伐缓慢，进展跨度小，而且偏狭浅近。

——毛磊等《中西500年比较》

思考：

试从背景、范围、领导力量、学习重点、主张、实践、影响等方面，比较19世纪40年代与19世纪60—90年代的"西学东渐"有何异同（表4-8-1）。

表4-8-1　19世纪40年代与19世纪60—90年代的"西学东渐"比较

背景	1.外国资本主义对中国的冲击加剧 2.中西联系加大 3.先进中国人开始了解西方，抵御侵略	1.第二次鸦片战争 2.太平天国运动
范围	广州	各通商口岸深入内地
领导	地主阶级抵抗派	地主阶级洋务派
主张	师夷长技以制夷	中学为体，西学为用
实践	无	洋务运动
影响	开阔眼界，形成思潮，影响中国近代思想主流	迈出中国近代化第一步
相同：学习重点都是学习西方先进科技，特别是军事技术。根本目的都是维护清王朝的封建统治		

学生乙：中国的近代化是由洋务派倡导的洋务运动开始起步的。洋务运动发轫于19世纪60年代，终止于19世纪90年代，持续了30多年，这段时间是中国近代化的早期阶段。

——胡滨《从洋务运动看中国近代化早期的特点》

思考：与欧洲近代化进程相比，以洋务运动为代表的中国早期近代化有何特点（表4-8-2）。

表4-8-2　近代中国与欧洲近代化进程比较

	中国早期近代化	欧洲近代化
主导力量	封建地主阶级	资产阶级
进程	军事工业到民用工业，重工业到轻工业	轻工业到重工业
方式	官办	民办
侧重点	器物方面	思想层面

学生丙：《资政新篇》是当时中国最完整的发展资本主义的构想。它源于洪仁玕在香港生活的经历，不是太平天国运动酝酿出来的，是游离于农民斗争之外的东西。这就决定了它不会在天国的群众中激起反响。"把农民群众同资本主义联系起来需要很多环节，而中国尚未有这些环节。"因此，《资政新篇》只是为19世纪中国的社会思想留下了一份珍贵的资料而已，而且它与《天朝田亩制度》是矛盾的。

——任世江《高中历史必修课程专题解析》

阶段小结：这一阶段中西文化的碰撞与融合表现在面对外来的列强入侵，中国的地主阶级抵抗派主张"开眼看世界"，农民阶级甚至提出最完整的发展资本主义的构想《资政新篇》，唯有地主阶级洋务派进行了实践，试图把西方文化和中国固有文化融合，不过只是局限在"器物"层面。

第三小组负责第三阶段：戊戌变法和辛亥革命时期中西文化的交锋。

学生甲：为实现君主立宪而努力（表4-8-3）。

表4-8-3　戊戌变法代表人物及其主张

代表人物	康有为	梁启超	谭嗣同	严复
著作	《孔子改制考》《新学伪经考》	《变法通议》	《仁学》	翻译《天演论》
主张	托古改制，打着孔子的旗号，宣传资产阶级改良思想	思想核心是倡导民权，用进化论阐述君主立宪制取代君主专制的必然性	以资产阶级只有平等思想，批判封建纲常礼教和专职君权	宣扬"物竞天择，适者生存"的社会进化论思想
共识	变法维新，富国强兵，救亡图存；学习西方资本主义政治制度，设议院，开国会，定宪法，实行君主立宪；发展资本主义经济与文化			

思考：试从背景、领导力量、学习重点、主张、实践、影响等方面比较19世纪60—90年代与19世纪末的"西学东渐"有何不同（表4-8-4）。

表4-8-4　19世纪60—90年代与19世纪末的"西学东渐"比较

背景	1.第二次鸦片战争 2.太平天国运动	政治：甲午战争失败，民族危机加重 阶级：民族资产阶级形成 经济：民族资本主义初步发展 思想：西方民主思想的传播
领导	地主阶级洋务派	民族资产阶级维新派
学习重点	先进科技	政治制度
主张	中学为体，西学为用	兴民权，君主立宪制，倡西学，改革教育制度
实践	洋务运动	维新变法
影响	迈出中国近代化第一步	形成中国近代第一次思想解放潮流

学生乙：民主共和的尝试，颁布宪法规定主权在民、自由平等、三权分立和责任内阁。

第一章：中华民国之主权属于国民全体。

第二章：全国各民族一律平等，国民有人身、居住、财产、言论、出版、集会、结社、通信等自由，有请愿、选举被选举等权利。

第三、四、六章：参议院行使立法权，临时大总统及国务员行使行政权司法权由法院独立行使。

第五章：国务员于临时大总统提出法律案公布法律及发布命令时须副署之。

——摘自《中华民国临时约法》

觉得凡不是中国人，都没有权来管中国的事情。觉得凡是中国人，都有权来管中国的事。前者叫民族精神的自觉，后者叫作民主精神的自觉……诸君啊，我们年年双十节纪念，纪念什么呢?就是纪念这个意义。

——梁启超

辛亥革命把历来被奉若神明的君主专制政体一举推翻，把它彻底废除。《临时约法》破天荒第一次明确宣告："中华民国之主权，属于国民全体。"

——胡绳武、金冲及《辛亥革命史稿》

阶段小结：这一阶段主要是资产阶级维新派和资产阶级革命派尝试把西方的君主立宪制和民主共和制引入中国，较之前一阶段学习西方更加深入。

第四小组负责第四阶段：新文化运动时期中西文化的抗争，中国需要思想变革。

学生甲提出陈独秀的观点：

辛亥革命以后，袁世凯复辟帝制，使中国先进的知识分子认识到我们中国多数国民口里虽然不反对共和，脑子里实在是装满了帝制时代的旧思想，如今要巩固共和，非先将国民脑子里所有反对共和的旧思想，一一洗刷干净不可。

——陈独秀

学生乙提出蔡元培的观点：

为什么改革思想，一定要牵涉到文学上?这因为文学是传导思想的工具。

——蔡元培《中国新文学大系》总序

立足社会现实，塑造现代国民，指导思想是提倡民主科学，反专制愚昧；重要前提是提倡新道德，反对旧道德；传播载体是提倡新文学，反对旧文学。

学生丙提出以下名人观点：

新文化运动的影响有：

第一，思想启蒙。思想走向现代的新支点。

成千上万的中国人在寻找信仰的同时形成了百家争鸣……诸多主义在论争中起落，展示了百舸争流的绚丽境界。

——陈旭麓《近代中国社会的新陈代谢》

第二，民众觉醒。民族走向现代的新起点。

史实一：引入了马克思主义。

试看将来的环球，必是赤旗的世界！

——李大钊

史实二：由张勋一手策划，于1917年（民国六年）7月拥护清朝废帝溥仪在北京复辟的政变，前后历时12天。民主共和观念深入人心，历史车轮不可逆。

史实三：从5月4日开始，北京的学生纷纷罢课，组织演讲、宣传，随后各地的学生、工人也给予支持。声势浩大的五四运动最终使得中国代表团拒绝在和约上签字。

第三，社会转型。文明走向现代的新基石。

这场运动的开始阶段是太急功近利了。也许有人会讥笑整个运动，讥笑它不够成熟，不够深刻……然而，正是这场运动，为中国未来奠定了一块最牢固的希望的基础。

——杜威（美）在华演讲稿

阶段小结：这一时期的知识分子用资产阶级的新文化反对封建旧文化的斗争，是一场轰轰烈烈的思想革命，是辛亥革命在思想文化领域的延续。

第五小组负责第五阶段：五四运动前后对西方文化的扬弃。

学生甲：五四运动前后，人们把对民族危亡的忧思和对国家出路的探索化成了对真理的追求，在这种背景下，西方各种社会新思潮开始大量涌入中国的思想界，一时间出现了一派百家争鸣的欣欣向荣的局面。

在当时流行的各种社会新思潮中，影响较大的仍然是西方18世纪启蒙学者的各种思想，如民主、自由、平等、博爱、天赋人权、个性解放、妇女解放、人道主义等，也有各种改良主义和唯心主义思想，如杜威的实验主义（即实用主义）、罗素的新实在论、尼采的超人哲学、无政府主义等。当时的人们面对各种社会新思潮还缺乏足够的辨别能力，只是把自己的理想寄托在这些学说中，希望通过这一途径获取真理，改造社会。经过反复探索和实践，一些先进分子最终选择了马克思主义作为改造中国社会最理想的思想武器。

学生乙：北大的教授们面对形势的发展表现出不同的态度：

一种是主张学生的要务是学业，而非投身政治活动。例如，蔡元培曾提出"读书不忘救国，救国不忘读书"，五四运动前，蔡元培强调前半句；五四运动后，他更强调后半句，说"人人都知道罢工、罢市损失很大，但是罢课损失更大"，希望学生"打定主意，无论何等问题，绝不再用自杀的罢课方式"。

一种是主张爱国行为也需在法律范围内，谨防"民意绑架司法""群氓"政治。例如，北大教授梁漱溟发表《论学生事件》，提道："纵然曹章罪大恶极，在罪名未成立时，他仍有他的自由。我们纵然是爱国急公的行为，也不能侵犯他，加暴行于他。"因此他坚持："我愿意学生事件僻付法庭办理，愿意检厅去提起公诉，学生屈尊判服罪。"

一种是主张政治干扰了文化的发展，革命压倒了启蒙（"救亡压倒启蒙"）。例如，胡适认为："从我们所说的'中国文艺复兴'这个文化运动的观点来看，在1919年所发生的'五四运动'，实是这整个文化运动中的，一项历史性的政治干扰。"

教师指导后，小组推荐学生丙总结：有学者在研究中国20世纪初的历史时指出，面对列强的侵略奴役和中国自身的黑暗落后，中国既有对民族和国家的保护要求，即救亡；也有对民主、自由、平等等意识培养的要求，即启蒙。郑大华《当代中国近代思想史研究》：中国的启蒙即源于救亡，救亡是中国启蒙的深层动因。五四运动前后，新思潮经历了一个从思想启蒙到"直接行动"、从"价值重估"到"社会改造"的转变。由此，五四运动后，革命运动代新文化运动而兴。这种文化运动与政治运动的消长，与其说是"救亡压倒启蒙"，毋宁说是"启蒙转化为革命"。

最后，教师提出问题，让学生思考：

五四时期是变被动社会现代化为主动社会现代化过程中的重要转折期。从现代化理论、现代化政党、现代化人才、爱国主义传统、民主与科学口号、历史过程转折中介点等宏观方面考察"五四"与中国社会现代化的关系，可以说明：在中国，20世纪一切具有现代化意义的新的事物和新的人，都自"五四"始。

——张静如《"五四"与中国社会现代化》

从材料中任选两个角度，结合所学知识，说明"五四"是如何推进中国"社会现代化过程"的。

角度一：现代化理论的角度。受俄国十月革命以及五四运动的影响，先进知识分子（如李大钊、陈独秀等）开始在中国传播社会主义理论——马克思主义，并不断中国化，为中国社会现代化开辟了一条正确道路。

角度二：现代化政党的角度。五四运动以后，工人阶级的崛起和马克思主义的传播，为中国共产党的成立奠定了基础。中国共产党带领中国人民相继完成新民主主义革命和社会主义革命，并取得现代化建设的巨大成就。

角度三：现代化人才的角度。通过新文化运动和五四爱国运动，新式知识群体精英整体地、主动地出现在中国社会现代化的舞台上，成为一支不可忽视的巨大力量。五四的发展也推动教育、思想理论、科学、实业等的发展。五四运动为中国社会现代化培育了大量现代化人才。

角度四：爱国主义传统的角度。1919年中国青年知识分子掀起了五四运动，得到了工人阶级、商人在内的广大人民的支持，并扩散成为群众性的爱国运动，凸显了中国人民空前高涨的民族意识。社会现代化必须以民族独立为前提，而民族意识的崛起有利于民族的独立。

角度五：民主与科学的角度。五四运动也是广泛传播民主和科学的新文化运动，是一场广泛的思想解放运动，为政治民主化、经济工业化、思想科学理性化创造了条件。

角度六：历史过程转折中介点的角度。五四运动是旧民主主义革命和新民主主义革命的转折点。五四运动中，工人阶级登上历史舞台并发挥巨大的力量，中国进入新民主主义革命阶段并取得成功，为中国社会的现代化带来新的希望。

复习课小结：我们用了三课时分五个学习小组分头负责从鸦片战争前的"西学东渐"到五四运动，主题是明确的，即"近代中西文化的碰撞与融合"；学习是渐进的，即经历了"器物"到"制度"到"思想文化"三个阶段；过程是艰难的，即每次发展都伴随着思想领域的交锋论战；效果是明显的，即朝着近代化方向发展。最后，用《大国崛起》里面的一句话结束本专题："一个懂得尊重思想的民族，才会诞生伟大的思想。一个拥有伟大思想的国家，才能拥有不断前行的力量。"

【课后反思】

从历史的逻辑上看，在近代中西方文化的碰撞与融合中，中国开始走向近代化。中国近代化不是传统社会自身发展的产物，而是外来冲击的产物，因而近代性的挑战表现为西方资本主义东来的冲击与挑战，使中国不得不为挽救民族危亡而选择近代化之路。这种被迫的选择意味着首先要救亡图存，仰赖着先进的中国人前赴后继，由浅入深、由外及里地逐步深入。在教学中要重视结合时代背景呈现反侵略、求民主的脉络。本专题牢牢抓住"近代中西文化的碰撞与融合"这一主题，立足史料求证，师生共建历史解释。

从学的逻辑上看，学生小组合作研究，并归纳出本组的结论，这是一个知识与能力、方法迁移运用的过程，是迁移能力的积累过程。小组成员在参与活动的合作学习中领悟方法，进行学法交流，学生之间取长补短，形成良好的学习习惯，同时学生学会选择与判断什么是有效的、正确的、最佳的观念与做法，学生在学习中体会成功的喜悦，提升合作意识和能力，增强自信心。当然，受课堂时间所限，总是优秀的学生有更多的表现机会，优秀的更加优秀，难以达成机会均等，这是以后的教学过程中需要继续探讨的问题。

从教的逻辑上看，在课堂上利用问题创设新的情境，从新的角度切入，这就要求学生思考的时候，必须在理解的基础上，运用正确的方法，将掌握的基础知识加以重新整合，以解决新情境下的新问题，这是迁移能力的直接体现。迁移能力的培养应该是一个渐进的过程。在培养迁移能力的过程中，首先，应该使学生对历史知识有一个感性的认识，可以称之为感受历史；其次，应该引导学生透过现象探寻本质，将感性认识上升到理性认识阶段，可以称之为理解历史；最后，才是放手让学生运用已有的知识、能力去解决新情境下的新问题，可以称之为把握历史。在具体的问题中，引导学生尝试寻找论据，这一过程正是学生思维受到训练的过程，正是他们了解掌握正确的思维方法的过程。

参 考 文 献

[1] 中华人民共和国教育部. 普通高中历史新课程标准（2017年版）［M］. 北京：人民教育出版社，2018.

[2] 徐蓝，朱汉国. 普通高中历史课程标准（2017年版）解读［M］. 北京：高等教育出版社，2018.

[3] ［美］巴洛赫. 合作课堂：让学习充满活力［M］. 上海：华东师范大学出版社，2005.

[4] ［日］佐藤学. 教师的挑战：宁静的课堂革命［M］. 上海：华东师范大学出版社，2012.

[5] 何炳松. 历史教学法［M］. 上海：上海古籍出版社，2012.

[6] 吴伟. 历史学科能力与历史素养［J］. 历史教学（中学版），2012（11）：3-8.

[7] ［法］马克·布洛克. 历史学家的技艺［M］. 黄艳红，译. 北京：中国人民大学出版社，2011.

[8] 高文，徐斌艳，吴刚. 建构主义教育研究［M］. 北京：教育科学出版社，2008.

[9] ［英］E.H.卡尔. 历史是什么？［M］. 陈恒，译. 北京：商务印书馆，2007.

[10] 姜义华. 史学导论［M］. 上海：上海复旦大学出版社，2004.

[11] 葛剑雄，周筱. 历史学是什么［M］. 北京：北京大学出版社，2002.

[12] 陈冠华. 英国中学历史教育改革［M］. 台北：龙腾文化事业股份有限公司，2001.

[13] 廖耀良. 历史思维与历史意识：兼论培养中学生历史意识的意义

［J］．中国历史教学参考，2001（11）．

［14］赵亚夫.历史教育价值论［M］．北京：高等教育出版社，2003.

［15］赵亚夫.国外历史课程标准评介［M］．北京：人民教育出版社，2005.

［16］李庆忠.高中历史课程实施与案例分析［M］．桂林：广西师范大学出版社，2007.

［17］苏霍姆林斯基.给教师的建议［M］．北京：教育科学出版社，1984.

［18］［美］Linda Campbell Bruce Campbell Dee Dickinson，多元智能教与学的策略［M］.王成全，译.北京：中国轻工业出版社，2001.

［19］皮连生.学与教心理学［M］．上海：华东师范大学出版社，2009.

［20］［英］怀特海.教育的目的［M］．上海：文汇出版社，2012.

［21］何成刚.历史课堂教学技能训练［M］．上海：华东师范大学出版社，2008.

［22］李月霞.喜欢你，因为你不听话［M］．广西：广西大学出版社，2010.

［23］拉尔夫·泰勒.课程与教学的基本原理［M］．罗康，张阅，译.北京：中国轻工业出版社，2008.

［24］袁振国.教育新理念［M］．北京：教育科学出版社，2007.

［25］王雄.历史教学心理学［M］．北京：北京教育出版社，2001.

［26］陈志刚.历史课程论［M］．长春：长春出版社，2012.

［27］文喆.基础教育政策与课程教学改革［M］．北京：人民教育出版社，2012.

［28］张向阳.历史教学论［M］．长春：长春出版社，2011.

［29］王铎全，李稚勇.比较历史教育学［M］．上海：上海教育出版社，1995.

［30］葛剑雄，周筱赟.历史是什么［M］．北京：北京大学出版社，2005.

［31］陈辉.历史新课程"过程"目标再探［J］．历史教学（中学版），2009（7）：42–45.

［32］何成刚，陈伟壁.关注历史知识的性质：澳大利亚学校历史教育透析之二［J］．中学历史教学参考，2008（7）：8–10.

［33］刘航.历史教学中培养学生分析、概括和综合能力的浅见［J］．扬州

大学学报（人文社会科学版），1984（1）：113–115.

［34］胡军哲.历史教学与历史学科素养：以2014年新课标全国卷历史试题为例［J］.中小学教材教学，2015（3）：53–56.

［35］祁金莉.课程改革背景下高中历史课堂情境教学研究［D］.苏州：苏州大学，2008.

［36］江海云.新课改背景下的中学历史课堂教学模式的创新研究［J］.甘肃联合大学学报（自然科学版），2012（S1）：30–32.

［37］张健.高中历史情境教学方法研究［D］.长春：东北师范大学，2013.

［38］徐香玉.谈以学生为主体的历史学习方式［J］.科教信息，2007（21）：38.

［39］赵亚夫.追寻历史教育的本义：兼论历史课程标准的功能［J］.课程·教材·教法，2004（3）：59–65.

［40］赵亚夫.历史教学目标刍议三：怎样确定课堂教学目标［J］.历史教学（中学版），2007（7）：19–24.

［41］朱煜.历史课要重视培养学生的历史意识，也谈"一节好的历史课"标准［J］.历史教学（中学版），2014（2）：20–25.

［42］冯一下，李洁.试论历史学习方式及其变革［J］.历史教学（高校版），2003（2）：57–62.

［43］张汉林.关于历史学习方式的思考和实践［J］.中学历史教学参考，2005（10）：15–17.

［44］钟启泉.基于核心素养的课程发展：挑战与课题［J］.全球教育展望，2016.

［45］叶澜.我对课堂教学本质的思考［J］.基础教育课程，2009（1）：86–90.

［46］叶澜.重建课堂教学价值观［J］.教育研究，2002（5）：3–7.

［47］郭建鹏.基础教育课程改革理念的反思与建构：基于学习心理学的视角［J］.教育科学，2015（4）：36–40.

［48］袁廷虎.问题与问题解决（历史）［M］.南京：江苏教育出版社，2008.

后　记

教师的本职工作就是教育学生，教育的主要载体是课堂。课堂不变，教育就不变；教育不变，学生就不变。课堂是学校教育发展的核心地带，只有抓住课堂这个核心，教育才能真正得以发展。

我从事中学历史教学已经25年了。我总是带着微笑，努力做好教师工作。每天当我面对一双双充满渴望的眼睛，面对一颗颗单纯而又真诚的心时，我就精神百倍。为解决学生的疑惑要查阅书籍，问遍可能问及的同行；为准备好一节课要挖空心思地想导入、想过渡、想问题、想方法，力图做好每一个细节。只要看到学生释然欢欣的样子，我便兴奋不已；看到学生依然疑惑的目光，我总是不安，总要继续想办法。家中两面墙的书架放满了书，目的只有一个，就是上好课。

苏霍姆林斯基在《帕夫雷什中学》一书中曾深刻地指出："集体的智力财富之源首先在于教师的个人阅读。"真正的教师必是读书爱好者，这是我校集体生活的一条金科玉律，而且已成为传统。一种热爱书、尊重书、崇拜书的气氛，乃是学校和教育工作的实质所在。读书就是用心思考，这是我读书学习最根本的要求。通过独立思考，理解文本的要点，发现文本的思想，感悟文本的精神。还有就是把学到的东西及时用到课堂，身体力行地把读书学习与创新实践结合起来，其实质就是理论联系实际，学以致用。"纸上得来终觉浅，绝知此事要躬行。"没有实践体验，很多知识只能是一知半解。把理论与实践、观念的更新与行为的改变统一起来，这个过程也是把知识转化为能力的过程。

2014年，我有幸参加了广州市中小学新一轮"百千万"名教师培养工程，经历了四年的培训，聆听了众多专家讲座，经过导师指导、拓展考察、成果凝练、同伴互助、课题研究、示范带学、跟岗实践等活动的学习，开阔了视野。培训中有一项非常重要的学习任务就是凝练自己的教育教学思想。开始的时候，根本就不知道教学思想是何物，觉得那是教育家想的事情。

后来，在华南师范大学集训，在理论导师华南师范大学历史文化学院王继平教授和实践导师广州市三十三中学正高级教师欧阳国亮校长的指导下，以及在高中历史工作室成员的帮助下，结合自己所在学校实际，结合学科教学实际，经历多次修改，终于形成自己的教学思想——行思成长教学思想。有了思想，再来反观自己的教学行为，尤其是在历史课堂教学中遇到的问题，就有了方向上的指引。

课堂教学是个充满生命力的世界，是教师引领学生健康成长的世界。如何解读并创造这个小课堂的大千世界，是每位教师应思考的问题。这是一场观念的革命，是一切课堂技术的革命，是一切行为的革命，它要求课堂发生根本性的、结构性的变化，因此不是一场一蹴而就的革命。行思成长教学是面对这场革命的尝试。

本书能得以出版，是得到省内外许多专家、领导的大力支持与帮助，在此表示真挚的感谢和深深的敬意。

课堂教学改革是一个非常复杂的问题，虽然有所思考，可我的心里还是十分忐忑。首先，我不知道自己的观点能得到多少同行的认同；其次，我也怕由于自己知识的局限，而导致书中出现很多不足。本书许多观点和做法还不是很成熟，需要进一步检验和实践。我的探索仍然在路上，恳请读者给予帮助和指导。

朱志斌

二〇二〇年三月于花都